U0578060

毫不犹豫地走向你

——写给情人

〔德〕荷尔德林　著

王佐良　译

辽宁人民出版社

图书在版编目（CIP）数据

　　毫不犹豫地走向你：写给情人 /（德）荷尔德林著；
王佐良译 . —沈阳：辽宁人民出版社，2022.3
　　（荷尔德林书信精选）
　　ISBN 978-7-205-10414-6

　　Ⅰ . ①毫… Ⅱ . ①荷… ②王… Ⅲ . ①荷尔德林
（Hoelderlin, Friderich 1770—1843）—书信集 Ⅳ .
① K835.165.6

　　中国版本图书馆 CIP 数据核字（2022）第 024867 号

出版发行：辽宁人民出版社
　　　　　地址：沈阳市和平区十一纬路 25 号　邮编：110003
　　　　　电话：024-23284321（邮　购）　024-23284324（发行部）
　　　　　传真：024-23284191（发行部）　024-23284304（办公室）
　　　　　http://www.lnpph.com.cn
印　　刷：辽宁新华印务有限公司
幅面尺寸：145mm×210mm
印　　张：6.75
字　　数：210 千字
出版时间：2022 年 3 月第 1 版
印刷时间：2022 年 3 月第 1 次印刷
责任编辑：刘国阳
装帧设计：留白文化
责任校对：耿　珺
书　　号：ISBN 978-7-205-10414-6
定　　价：48.00 元

目　录

荷尔德林像

相信我有一颗温柔的心

露伊泽·纳斯特致荷尔德林[1]　　　　　（毛尔布隆，1787 年 12 月 13 日）

> 上帝！时光如此变幻不定
> 现时还欢乐，转瞬即悲伤
> 我的心啊，无处将你找寻——
> 相信我有一颗温柔的心！——
> 焦灼地等待痛苦的分离，
> 似窃贼把我们的幸福觊觎，
> 这诀别提早到来的痛苦
> 让你的女友啊泪眼模糊。

你的

露伊泽

---

1. 这首诗系手写，来历不明。

我想要拥抱整个世界

致露伊泽·纳斯特 　　　　　　　　　（毛尔布隆，1788 年 4 月 18 日后）

　　我们之为人——亲爱的！我是说，这一瞬间，当我与你在一起，乃为心灵，胜过一切一切的时光，因为我与你在一起。我是不能言说的幸福，当我在这么高高的山上，感觉到你的吻在我的双唇——我如此热切地环顾这地方，我想要拥抱整个世界——它对我还远远不止如此！

　　你的诗句就在我面前，露伊泽！我将把它们细心保存，永生永世。

　　当你阅读《堂·卡洛斯》，晚上当我写完这封信，我也想阅读它。

　　我真的匆匆忙忙地做诗，我应该给那位勇敢的舒巴特寄一包诗去。

　　我在散步中，一遍一遍地在我的写板上给诗做韵。你怎么认为？对你！对你！然后，我又把它擦掉。当我看见你从山上向我走来，我正在这样做。

　　哦亲爱的！你在你的小屋里思考上帝，也想我？如果你已经是百里之唯一，那你就这样吧。

　　你的少女妹妹威廉明妮今天来了吗？你把那封短信寄给她了

吗？或者你已经把它交给她了？我听说，她感觉好多了。我也应该给比尔芬格尔一封短笺——但是我觉得到明天还不可能。

我总是一直觉得很满足，就像现在这样。但无论是什么心情，我都一样爱你——所以我的状态从来都不是最坏。常常想着我吧，你知道，我们是不可分割的。

你的

荷尔德林

愿爱情地久天长

露伊泽·纳斯特致荷尔德林[1]　　　　　　　（毛尔布隆，1788 年 9 月）

它变幻不定如时间飞驰！

它期望这岁月快快消逝！

她绝无我们的温柔情致！

哦亲爱的朋友来来往往

发现其中并无诤言愿望

唯我们的结盟地久天长！

你的

露伊泽

---

1. 这首写于毛尔布隆的诀别信出处不详，原稿系手写，可能此前她收到了荷尔德林的告别诗《致露伊泽·纳斯特》：让风暴，那痛苦威胁她，/ 让分离，把岁月撕开 / 它们不能撕开我们！/ 们不能撕开我们！因你是我的！越过那坟墓 / 它们怜悯不可撕裂的爱。　　哦！假如伟大的 / 神圣的彼岸曾经在此 / 那里桂冠给予坚韧的朝圣者 / 棕榈叶荫庇胜利者 / 于是女友——也珍视友谊 / 珍视友谊——她的永恒。

所有那些亲密的话语永在我心

露伊泽·纳斯特致荷尔德林 [1]　　　　　　（毛尔布隆，1789 年新年）

　　哦亲爱的弗里茨！我坐在这里，几乎把你所有的信放在眼前，这是我的一点满足，因为我对一切是这样喜欢，我如此幸运能够独自一个人，现在已经是十二点了，可是我怎么也读不够，哦，这是我最亲爱的课程。你的亲爱的信让我有了很多担忧，整夜整夜我都不能入眠，但是他是我的如此亲爱的，我有世界上所有的宝藏也不能交换它。哦，你有怎样的心灵，弗里茨，这么长时间，直到复活节，这么长时间没有见到你，从分别以后这么久，那是我的一切，可是那想念，你是我的，我仍然是我，不是吗，亲爱的弗里茨？年长日久的分离让你对我未更冷漠，哦，自你最后一次来访，你仍然是亲爱的弗里茨，我知道所有那些亲密的词语仍然深深地在我心里，你也仍旧能够将它们重新唤起那神圣的快乐，我有时候也如此幸福，我能够再梦见它们，哦，从那以来，我已不能在一个美梦里把它们全部复原，你站在高处，人们络绎不绝进入修道院，如果还知晓那过去的时光，那是多么幸福，那时候我这么经常地见到你，你把你的臂膀那么赐福地给

---

1. 此信系手写，也是写信人与作者在感情上出现问题的情况下写的，因此语句、标点等出现很多不规范的地方。

我，上帝在天上注视着，你的黑色的法袍一如从前，啊，那是一个梦，幸福的时光已经逃离，无声的痛苦占据了她的位置，为什么要倾诉这些？我的弗里茨仍然是我的，他对我仍然如此忠诚如同眼前，哦，他还是我的，我与你不应有任何分离，没有不幸没有意外，唯你和一间小屋它如此简陋，它对我却是一个王国，哦，予你的也是有玫瑰的带刺之路。哦上帝亲爱的天父，分离的岁月也将在你的手上经过，你的时间它们一如既往地飞快逃离，但是爱将是天长地久的，不久，从我的友谊中有一些将编织永恒忠诚的纽带，那亲爱的少女，我的海因莉克真切地在这里，她显得真正的满足，对你，我们已经亲密谈论了很多，我们常常回忆起在 L.[1] 的幸福时光，我一千遍地为你的爱而感谢你，这位可爱的少女她应该有真正的幸福，她已经为此为我们服务，亲爱的弗里茨已经写了很多，我非常高兴已经再次在下个邮政日，哦，已经有很长的火把日没有收到我的弗里茨的信了，生活快乐，睡个好觉，已经很晚了，永远的

你的露

伊泽

我的姐妹们向你致以很多的祝愿。

---

1. L.，累翁贝格。

（*海因莉克的附笔*）

记住在累翁贝格的海因莉卡吧，她真诚地与毛尔布隆的露伊泽在一起并代她致以问候。

用爱的话语告别

致露伊泽·纳斯特 （蒂宾根[1]，1789年1月中）

这是一封你的信，亲爱的心！如果你能看到我内心的泪水，为你无法言表的甜蜜和幸福的爱，怎样滔滔地流淌，正如我在此时如此真切地感受到，我因你所拥有的，让我的日子重又如此光明，如此宁静地流淌。哦，少女！在分离中你的爱同样是幸福，这种渴望也是你青春的欢乐——它每时每刻都在对我说，你像我一样渴望着我，这些年你也像我一样感到如此漫长。再过十一周就到复活节了，不是吗，亲爱的？在这十一周里自由地微笑吧，我们都同样如此宽慰，于是，哦露伊泽！露伊泽！——我不能说出我期待在你的怀抱里的所有幸福的名称，文字只是文字，那就让我感觉你的爱吧，这种期待如何激荡我的心，——而你仍然记得我们最后一次见面那些爱的词语吗？它们不是从你的心灵深处涌出的吗？哦，露伊泽，它们是我在孤独中唯一的想念，是我在你所赐予的幸福时光中唯一的活动。

哦，那么你的梦想呢？美丽的、爱的少女，我是如何幸福？

---

1. 蒂宾根（Tübingen），荷尔德林从毛尔布隆高级修道院学校毕业后，考入蒂宾根神学院（Tübingen Stift）。蒂宾根位于德国巴登－符腾堡州，蒂宾根神学院历史悠久，著名天文学家开普勒毕业于该校。

如果我在你的怀抱里，我的完全沉浸幸福的心在你的面前会有怎样极乐的感受。每当我想到，我经常如此耐心，如此充满真诚的渴望，在那一个地方等待，直到我在窗口看到你，尊贵的，她如何让我的心欣喜若狂，我是多么幸运啊。你在这个爱的世界上看到了你的荷尔德林，就目不转睛，只有我在她的胸怀里安居——露伊泽！露伊泽！当我看到你从你的屋子出来，走向那个十字路口，一切对于我是如此生气勃勃——那个美丽的、高贵的行走，那双充满爱的眼睛向着我直视——那个对你的面容的狂喜的期待如此全部地爆发，仿佛我们的天与地都消失在那傍晚的宁静中！——那个善良的海因莉克真的与你在一起？你们都想把她已经给我们证实的友谊，依她的情况一千遍地予以扼杀。她用她自己开朗的心取悦她自己和她的丈夫。而你仍然记得在累翁贝格的幸福的时间，你还想念所有那些极乐的时光？那烈火燃烧的最甜蜜的爱的时光？哦，露伊泽！难道已经没有可能，在任何一个地方，让好的人亲密围绕你身边？我为此没做任何努力，让幸福重现？但又是永恒的遮雨棚！可那对你依然如故，亲爱的心！我在累翁贝格度过的那些日子太美好了，我至今仍然一次次地重新梦见它们。哦，唯有那分别！——如此甜蜜的忧伤淹没我整个的心，伴随我一路。唯有，当我看到纽尔廷根的山峰，而累翁贝格的森林在我身后越来越远地消失，最痛苦的伤心的泪水从眼睛涌出——我必定是长久地停留。我的旅行的剩余部分再一次如此清晰，一如从前。——

　　向你的少女姐妹致以一千次的问候，还向少女考芙琳致以问候，祝愿她在新的一年更加伶俐。

好好睡觉吧，亲爱的少女！爱我一如既往。

我永远是

你的

荷尔德林

诀别后，每一次呼吸都重新给我生命的力量

露伊泽·纳斯特致荷尔德林[1]　　　　（毛尔布隆，1789 年 1 月 19 日）

亲爱的好人：

哦，你的亲爱的信，甜美的词语，啊，还要十一周以后，那时候那时候弗里茨，幸福地在你的怀抱里，哦，你能感觉到我的心怎样为这个想法激烈地跳动，很快又要在我的弗里茨的怀抱里，我的……哦，那狂喜是没有任何词语能让它们描述的，能说的，哦上帝亲爱的天父，你如何使我们如此幸福，亲爱的高贵的弗里茨我们互相生活在一起那将是怎样的日子，没有任何变故任何时间甚至死亡本身也不能让我们分开，即使在那天空的地方我们的爱也是永恒延续的，上帝！我多么幸福啊，亲爱的弗里茨爱着我……我从窗户里能够看见的每一个地方让我想起一千个一千个幸福时光的每一个瞬间，只有你依偎在我俗人的胸脯。每一个瞬间我将为你牺牲，哦爱的善良的信为了你，它甜美的付出，哦现在渴望着，你能够——啊你能够现在催促你搏动的心，而我感觉到你的搏动——这个想法让我的泪水热烈的泪水夺眶而出，亲爱的心和你的身影如何紧紧地把他压在我的心上，不！这是你从

来没有想到的，每一次呼吸都重新给我生命的力量，上帝和天空的微笑，但是，不，我必须沉默，你却想要我从你那里学会，可是我从中感觉到我的心那么多，当我唯有真正知道，你只是一个真正的讨好者，你是不对的。海因莉克已经让我有很多的遮雨棚，这里在她的屋子里很美好，她有一个好心肠的男人，他很快就将在我们这边，但是在十一个星期里还有很多需要思考，然后你将再一次搂抱在我的怀抱里，仿佛我永远不再让你离开，她的极乐幸福生活——我的心，现在已很晚，我不能这么长时间地给你写，除此之外一切都在床上我却不能安宁，我的莉克向你致以很多问候，为你的祝愿他向你致以感谢，你不久有好的后续，睡好亲爱的心

永远
你的忠诚的 [1] ——

蜜伊泽

海因莉克和我的姐妹向你致以很多祝愿，还有我的女友康美瑞拉（他写给我的）希望你仍然记得她在美丽的湖边凉亭里她如何和我们在一起，她在夏天将要到我祈祷的地方，人会被自然的这么美好的地方而激动，每一根草茎都指引我想到明智的、善良的造物主。

---

1. 你的忠诚的——（Dein treues—），在 treues（忠诚的）后面应该有 Weib（妻子），但用破折号代替。

我在你的脚下请求你原谅那个阴暗的时刻

致露伊泽·纳斯特　　　　　　　　　（蒂宾根，1789 年 1 月底[1]）

亲爱的、善良的露伊泽：

　　相比你的上一封信，我一点也感觉不到你高贵的心灵的勇气更坚强了，一点也看不到我与你的距离更清晰了。哦，我能在你的脚下请求你原谅那个阴暗的时刻，那也许是因为我阴郁的心情给你造成的，你也许能看见，在那一刻我感觉你无法描述的高贵的爱是多么有失尊严，当我想到，我的忧伤把我对你永远的、应当永远的尊重如此不可原谅地放在一边。露伊泽！露伊泽！亲爱的美丽的少女！你用此种天空的善良回答我？仍然那样灼热地爱我？仍然这样温柔地慰藉我放任自流的伤心欲绝？每天，每天，我都有给予你的新的证明，我把那封信读得越多，它对我就越珍贵，你的爱的每一个词都被我牢记，你美丽的心中每一个音节都被我完完全全地看到。哦，亲爱的上帝！那些幸福的日子将会怎样，当我们永恒地结合，完全共同地生活——露伊泽——我将有什么对你，在阴郁的时光你将让我高兴，我背负沉重时你将让我轻松，当我忍受痛苦，你将用整个世界给我宽慰，你将是我的一

---

1. 此信的写作日期不详。

切，一切！——哦，我多么幸运啊！我从现在起向你保证，甜美的可爱的少女——从现在起——如果我再一次如此怀有敌意地写信，那我将再也不是你的荷尔德林。这个下午我有怎样的幸福的时光！我要把你的上一封信再读一遍，但手上拿到了更早的信，然后再读另一封，直到我最终把所有的信都读了，包括那些最早最早的，亲爱的心！你那时候写的，由我整个的心，哦上帝！我仍然有它，经过如此多对你的考验，经过那么多你为我忍受的痛苦，我仍然有它，这忠诚的心，不是吗，亲爱的露伊泽？我将把它永远保持吗？我必须一直想到，我有你的心，还有所有对过去幸福的记忆让我很虚弱，对这些想法，你也会感同身受吧。——我的亲爱的莉克到我这里已经五天了。我还像以前一样常常外出。她告诉我，她在每周一次的协会里认识了少女韦伯，她们很快就要成为好朋友了。我这么愿意感谢那个美好的少女，她在我们的命运中为我们承担了那么多，还写信给少女博姆谈到少女杜腾霍费尔 [1] 的糟糕的友谊,（从那时候起你大概也知道了）你知道这世界，当我们中的一个，与你们性别中一个他不认识的人谈论如何珍视恭敬，人们称之为轻率，那样我就得找机会与他们交谈，但是你知道，我不愿意那样做。但我一点也不想对那位杜腾霍费尔装出一副好脸，所以我不会很快就去那里。最近我必须陪伴我的妹妹——我如坐针毡，直到我再次离开。另外我这次像比尔芬格尔一样，没有什么可为此操心的。但愿当地的女孩子因为我知道谁认识你，必定会想，他一定很快乐！那把我的自豪吹捧到顶

---

1. 少女博姆（Böhm）和少女杜腾霍费尔（Duttenhofer），不详。

了。奉上我的剪影！如果我再次碰到这么倒霉的事，将会狠狠地打击我。好好生活，亲爱的露伊泽！

永远不要忘记

你的

荷尔德林

只要写到母亲，我的双手在快乐中颤抖

露伊泽·纳斯特致荷尔德林[1]　　　　（毛尔布隆，1789年3月或4月）

　　亲爱的心，这次得到你的信没有经过B.[2]，因为我的明妮[3]躺在床上病了，这样，善良的B.也不能从她那里拿到信了，而我写的信也必须如此孤独地旅行，哦亲爱的心那是我最大的快乐，当我给你写信的时候就是我的一切，更大的时候我得到一封你的信，哦亲爱的，一切的一切它们是我的；啊！上帝仍然没有像我这样感觉到分离；我常常想常常恳求仅仅有一瞬间仅仅一个唯一的你拥入我的怀抱，他的幸福是上帝从我这里得到，我常常想他能否给一个机会让你能离开我，不不。你不能那样你不会那样，哦你是我的——完全是我的完全是我的，那我是多么幸福，原谅原谅弗里茨，我就这样常常忧伤，哦，它使我痛苦，哦它让我如此痛苦，我常常有很伤心的时光，但是想到你是我的又让我重新振作；哦上帝知道我深深地爱我的亲爱的父母亲和我的兄弟姐妹，我要为他们做所有的一切，但是那不是罪过那不是罪过，当我更多地爱你超过一切地爱你，哦你是我的一切，在你面前我心中没有任

---

1. 此信系手写，写信的日期不确定。
2. B.，比尔芬格尔。
3. 明妮（Mene），威廉明妮·纳斯特（Wilhelmine Nast）。

何秘密。亲爱的心，常常有忧伤和眼泪是正常的，但它们与快乐相比微不足道，努力是值得的，当幸福如此巨大，当它是上帝的意愿，而我们将是快乐的。你的亲爱的善良的母亲多么让我高兴，哦允许我说说我的母亲，她谈到我们的情况这么善良，你能想到那些吗，亲爱的心，就像我，哦我正在写我的母亲，我的双手在快乐中颤抖，这里面有这么多神圣的东西，并不是所有的人都能感觉到的，母亲是我在世界上唯一的朋友，上帝！我的 M.，母亲的称呼。

我坐在这里亲爱的心，如此宁静如此恐怖，哦，我如此幸福，当我如此孤零零地远离了人们，没有人比我更幸福，当我晚上在教堂的院子里独自一个人散步，我坐在故去的人们的墓前，你也许能想到有很多的泪水涌出，哦弗里茨亲爱的我如此幸福，因为我的爱，在已故的人们之中是生气勃勃的，然而它们接受了我的眼泪，这些坟墓，人们可能会嘲笑我，当可爱的月亮有时明亮有时阴暗地俯瞰，我现在俯瞰的也许是我的弗里茨，我在所有活着的人中唯一真正的朋友，也许我们一起抬起我们的眼睛向着你美丽的光仰望，赞颂伟大的造物主的全能。我的明妮告诉我她是真的病了，她非常不信任 B.，他写给她的信大部分都只有几句话，有时候冷冰冰的而且压迫人，亲爱的弗里茨如果你能，把它保存为你的心爱。你如果写信给你的 B.，你要写她给他的很多的祝愿，她的病不用多关心，让它安安静静，亲爱的心安心睡觉，想想已经过了两点，我一点也不知道时间这么快就过去了，它与我们在一起如此躁动不安，那我就等着所有的一切安静下来，这样我就不打扰你亲爱的弗里茨，你能够想到，哦，分手的日子它

们将是太漫长的岁月，好好生活，永远完全是

你的

露伊泽

在我获得你尊重之前，绝不请求你伸出手

致露伊泽·纳斯特 　　　　　　　　　（蒂宾根，1789 年 3 月或 4 月）

　　谢谢！一千遍地谢谢，亲爱的露伊泽，为你的温柔的、慰藉的信！它让我重新得到快乐。我重又相信人的快乐。鲜花给予我无法言表的快乐。我寄给你那枚戒指，在这儿的信也都寄回。保存好，露伊泽，至少作为对那些幸福的日子的怀念，那时我们完全是为自己而生活，根本没有想到对未来的忧虑，我们的爱没有烦恼的打扰。上帝知道！露伊泽！我必须敞开胸怀，这是并且永远是我不可动摇的决心，在我获得你尊重的地位之前，绝不请求你伸出手。在此期间，我请求你，我至高的请求，善良、尊贵的露伊泽！你不要被你说过的话所束缚，而是要遵循你的心的选择。善良的心，你会以为绝不可能爱上另一个人，就像你经常向我证明的那样——但是有这么多值得爱的青年想方设法要赢得你的芳心，有这么多值得尊敬的人请求你伸出手去，我会非常高兴地祝愿你幸福，当你选择了一个值得的人，你将会第一次发现，你与你的闷闷不乐的、郁郁寡欢的、病恹恹的朋友根本不会有快乐！看！露伊泽！我向你承认了我的弱点。我的无法克服的阴郁的心情——（不要笑话我）——并不是全部，但大部分是永远无法满足的野心。他一会儿是这个念头，转眼又不是，这将让我兴

高采烈，并且健康。你现在看到了根本的原因，为什么我如此自由迅速地作出决定，是为了从外面改变我们之间的关系。我不想把你束缚，我的那些永恒的愿望那时候是否能实现，这个人的野心那时能否得到满足，我到那时是否还是乐观、快乐和健康的人，这一切都是不确定的。而没有这些，你和我是没有真正的快乐的。我们的爱只能是名义上的，但是更多只能是我的糟糕的心情，我对世界的抱怨，更多的将是愚蠢，那将是我变成另一种性情，你对我爱得越炽烈，在美好的时光我对你的爱越深，你遭受的痛苦就会越多。但是真诚地说我决不能那样。而你也不会。因此，那就不是真诚，当你面对你心爱的人的请求，他深信，他不能给你带来那样的幸福，当那个相配的人请求你！此时你选择你的相配者！那就是不真诚！你还是一心想着成为你青春时代的那个朋友的夫人，你从前对他的爱会因为这种想法被限制，因为那种无法克服的、永远压迫的虚弱会让你与他在一起毫无幸福可言。因此，那对你将是不真诚的！而我认为，我的爱不是为这个世界的！而我会为你的幸福而快乐，我会非常真诚地看到你站在你的丈夫身边，并且你们两个成为朋友。

　　我已经知道，亲爱的，你会对我作何答复。我对此已经没什么可写的了，如果我想对你掩盖我性格中的某个唯一的特点的话。好好生活，真诚地唯一爱的少女！

　　永远是

　　　　　　　　　　　　　　　　你的

　　　　　　　　　　　　　　　　荷尔德林

友谊在很多痛苦的日子给了我甜蜜

伊曼努尔·纳斯特致荷尔德林[1]　　　　（累翁贝格，1789 年 4 月 17 日）

　　我不知道，我是否应该责备你，还是请求你责备我。因为几乎是不可原谅，我们在整个冬天一直就像土拨鼠一样；那么，我请你原谅，你呢，也请我原谅？

　　接下来说你的题词留念册，那是露伊泽给我的，她去年秋天从这里出发旅行，你会在里面找到一幅小的绘画。那是我在今年做的第一幅，这是我给你的，因为我记得曾经允诺给你一幅相同的画作。我让你来决定是要还是不要。

　　往下还有两幅剪影[2]供你看，如果你觉得它们与本人相比很真切，供你使用或者寄送。尽管威廉明妮的那幅，我上次与你们在毛尔布隆时，与你心里想的要放在烟盒里的相比太大了。

　　我的故事，相比用这管可怜的羽毛笔，我更愿意自由地给你口头讲述。但是由于我独自一人在小写字间里，因此不能这么轻松地希望，能有更多的几天远离，因此给你写下我能写的。

　　那个臭不可闻的贪吃者克里斯蒂安，因为你和露伊泽在这里

---

1. 伊曼努尔·纳斯特写这封信时，显然还不知道荷尔德林和他的堂姐露伊泽的关系已经破裂。
2. 剪影，指的是露伊泽和姐姐威廉明妮的剪影。在照相技术发明之前，人们通过画像和做剪影作为留念或赠送朋友。

的逗留,几乎在斯图加特他的父亲那里闯祸,要不是我陪同你到
斯图加特时提前知道这件事并且通过一封给我叔叔的信,用我必
须告诉的方式把这件事告诉了他,于是,他在一封给我的信中保
证不写信告诉 M.。这些你会从露伊泽那里详细了解。

我心里有很多事情要对你说,但是告诉你,B.[1] 和我已经分
别,暂时这些对你已经足够了,但友谊还是在我很多痛苦的日子
里给了我甜蜜,但是爱就是,你是我永远的,我是你永远的,只
不过是口号,我们还是要想办法把它赶走,它对我们来说太酸了。

我希望听你说我那些做得不对的事情,如果你考虑到我的情
况,我近来没有看到面临的任何忧虑之事的前景,而是思考了一
些其他的情况。你很容易理解,我必须理智地对待这种牺牲。

哦,亲爱的兄弟!一种漫长激烈的争执,耗费了一些叹息者
很多眼泪,但现在那种想法让我冷静下来,我为了将来已经把它
作为路障清除掉,也许我让我的女友出于对我的爱向我伸出双
手,也许打造了真正的男子汉。

布尔克几天前对我说,你的脚仍然美好,但必须在假期前回
家。太遗憾了,这么好的天气,我们不能进行已经定好的旅行!

埃尔斯纳没有让我捎话,这让我非常痛苦。看样子我在毛尔
布隆结交的所有朋友,在他们的蒂宾根全忘光了——!

6 至 8 个星期以前,我在毛尔布隆到修道院去了一个半小时,
就像我听说的,林德和卡尔[2]·布莱贝尔结伴到了伊尔林根,我只好
把我的马喂饱,还带上一些马料,策马慢慢地走进一家护理院,

---

1. B.,海因莉克·布莱希特(Heinrike F. Brecht, 1770—?),伊曼努尔·纳斯特的女友。
2. 林德(Linde)和卡尔(Karl),不详。

在那里我谢天谢地总算与他们碰头，我进门并向他们致意的时候，卡尔和布莱贝尔相信他们看见了一个幽灵。在毛尔布隆我是多么满足。

在十四天之前我把布莱贝尔送到了伊尔林根的地方，这让他非常快乐，远超我的自爱。好好生活——这话冷冰冰吗？兄弟，代我向你尊敬的母亲和少女妹妹致以问候，并相信，每一种古老的温暖的友谊仍然与你在一起，

你的

伊曼努尔

她自愿与我亲近

致诺伊菲尔 （蒂宾根，1790 年 11 月 8 日）

亲爱的兄弟：

　　为什么我这么长时间没有给你写信，早已经狠狠惩罚了你，抱歉！抱歉！出自糟糕的心态。

　　我看到佳人并赞美

　　却把那丑陋的追随。[1]

　　不过总的来说还不那么糟。趁着那个我无所事事的拍卖的机会，我向她[2]走近——起先目光冷淡——随后和解——然后致意——接下来是想起来并道歉！——双方就是这样子！怀着心里的满足我走开了，但是在血液冷却的时候，像以前一样，做出一副克制的样子，并至今仍忠实于自己的决心——那就是说——自始至终！

　　另一次我们更多地进入细节。我一直被鄙视为斯多葛主义者。这我看得很明白。永远是潮涨潮落。如果我不是坚持努力工作，不是常常强迫自己这样，那我就会再次陈腐不堪。你看到，

---

1. 引自奥维德（Ovid）的诗《变形记》（Metamorphosis），原文是拉丁文：*Video meliora proboque/Deteriora sequor.*
2. 爱丽泽·勒布莱特 [Marie Elisabeth (Elise) Lebret，1774—1839]，蒂宾根神学院的神学教授兼院长的女儿，荷尔德林有几首诗写给她，如《致丽达》等，最终因两人性格不合分手。

贴心的兄弟！"我的亲近者是自愿"[1]，你会原谅我，你会引导我去需要的地方，鼓励我去往必需。有书籍和带髓的骨头我还没有履行诺言。

莱布尼茨和我的《真理颂》几天以来还完全蜗居在首都[2]。彼处对此处有影响。如果您认为对此值得做出努力，那我将对那首《不朽之歌》[3]做修改。对你的《玛洛》[4]，阿波罗[5]致以所有的祝福。你可以在晚上说说那本优美的《我曾活过》[6]，假如你的日子过得如你给我写的那样。把你的新诗寄给我，或者片段，或者诗的计划。那样你让我有更多明亮的时刻。

罗伊斯写阿贝尔告别的诗偶尔有好的地位，正如我想的。一千次地祝福斯陶特林的房子。你买了那本瑞士语的书了吗？

向金特、玛格瑙、布莱特施韦德、维兰特和很多别的人代致问候。

你从斯陶特林的《年鉴》[7]，还不知道他资助谁的诗，还有谁为它作出微薄的贡献？你就一点也不能给我讲讲舒巴特吗？——

祝生活幸福。在接下来的半个小时，尊贵者们[8]将会突袭我

---

1. 引自比格尔（Bürger）的《哀歌》："我的亲近者是自愿 / 但他的力量虚弱"。
2. 蜗居在首都（haußen in m. Capitolium），一种风趣的说法，意思是还在头脑里。
3. 《不朽之歌》（Gesang an die Unsterblichkeit），后改为《不朽颂》（Hymne an die Unsterblichkeit），中文版见《荷尔德林诗集》第61页。
4. 玛洛（Maro），古罗马诗人维吉尔。诺伊菲尔毕生致力于用原作的格律翻译维吉尔的《埃涅阿斯纪》，德文版于1816年出版，后再版。
5. 阿波罗（Apoll），荷尔德林在蒂宾根神学院学习期间，被同学称为"阿波罗"。
6. 《我曾活过》，原文是拉丁文：Vixi。
7. 《年鉴》（Allmanach），可能是席勒主编的《1792年缪斯年鉴》（Musenalmanach fürs Jahr 1792）。
8. 尊贵者们（der Durchlauchtige），符腾堡公爵卡尔·欧根（Karl Eugen von Würtemburg）于当日（1790年11月8日）光临蒂宾根神学院。

们。生活幸福，亲爱的兄弟！

你的

荷尔德林

旧爱不会生锈

致母亲　　　　　　　　　　　　　（蒂宾根，1791 年 6 月中）

最亲爱的妈妈：

　　我现在可以和您一起，大概还有我亲爱的巴丝们[1]，就像我在复活节的骑行一样，欢迎迷失的小姐，妹妹莉克。可惜只能是书面的！我非常希望，能有几天到纽尔廷根来，假如我能期望获得许可。

　　您在信中告诉我的新闻，让我安心了很多——原因您可能完全能猜到。旧的爱不会生锈！那个善良的孩子[2]仍然在想我，就像我多次知悉的，——假如我还不能因为我 21 岁的智慧，我可能遭受某种旧病复发。我坦率地承认，这个消息让我可怜的心有几个瞬间激烈地跳动！但是那不属于这里！借此机会我必须对您说，我自从那年那日以来已牢记在心中，永不忘记。您可以永远把它认真对待。我特有的性格，我的脾气，我对规划的强烈爱好，以及（跟您说实话）我的抱负——要想把所有的品性磨灭掉，没有危险是不可能的，不要指望我会生活在一种宁静的婚姻中，为一个平和的牧师职位而沾沾自喜。但是那可能会改变未来。

---

1. 巴丝们（Bassen），可能指玛尔斯神父的女儿们。
2. 那个善良的孩子，指露伊泽·纳斯特。

请您原谅，我这是大白天说梦话。我的二十一岁的智慧原来常常很不智慧！

您寄来的钱我还有 3 个盾的结余，这我将悉心管好。到下个邮政日，那时候小额总数可能一切就绪，我会向您提交账单。

我的酒钱我总在节省。偶尔地我把它用于一次真正的快乐，有时用来买一本好书。但是这个夏天因为要用于必须的支出它会耗尽。

为奖学金我会尽最大的努力。

我寄上换洗的衣物。请您原谅，我第二次让人带那条白围巾。

爱和友谊是双翼，乘着双翼
我们才能抵达每一个目标

致诺伊菲尔 　　　　　　　　　（蒂宾根，1791 年 11 月 28 日）

亲爱的兄弟：

　　自从你的上一封信，我已经对自己说过千遍，你仍然是兄长，宽容善良地对待我所有的不知感恩和草率鲁莽。我是一个如此粗枝大叶的欠债人，你很容易用我们经济的诗性的无序来谅解；但是我的小舟要如何以及转向何处，我却一行也没写，这对你的平易近人又是一个艰难的任务，因为你必定知道，我需要你的参与，而在我的周围及在我内心定是一片荒凉，这必然让你愤怒，我如此不中用，竟不能为自己创造一个快乐的时刻，与你在一起也不能让自己轻松。兄弟！对于我，自从我再次到这儿，仿佛我的爱，我最好的力量，已经与之一起向前，我是如此不可言说地蠢笨和懒惰，极少有光明的时刻。当我想到，你们，你和我们的玛格瑙现在如何觉醒，并且通过快乐和爱变得如此强有力，仿佛我也在神明的时光充满了自豪和勇气，我庆幸与你在一起，我成了完全另外一个人，如果这种状况不是我的，它仅仅是我的最低限度，那我将很乐意远离这种状况。

但是现在既已如此！我绝不想让自己衰弱。我心上的少女 [1] 已把我束缚于甜蜜的纽带，她却已让我与她疏远。但是假如我不得不挨饿十四天或更长时间，我应得到慷慨的补偿。昨天也如此。我一天比一天明白，爱和友谊是双翼，乘着双翼我们才能抵达每一个目标。

《人性颂》的写作即将结束，但那同样也是一个光明间隙的作品，而天空很久仍将是不那么清澈的！否则，我不会只做这么一点；关于人权我让伟大的让·雅克 [2] 给予我一点教诲，在明亮的夜晚，我欣赏猎户座和天狼星，还有卡斯托尔和坡里克斯 [3] 这对天神兄弟，这就足够了！说实话，亲爱的！我恨自己没有好好钻研天文学。这个冬天应该是我最好的机会。

你的委托我已经尽了全力。那位鹰老板马上就要让我火烧眉毛。他已经把支付通知给了乌兰特，他说，如果假期以后他得到付款，他就无论如何把钱汇给你。我启用了我的滔滔雄辩，最后经过一番针锋相对，结果出来了，如果可能的话，他把你允诺他今年的奖学金的那部分 * 汇给你，然后一直等到适当的时间。对咖啡的事我还不太清楚。我对 Sch. 说，我已经以 D. 的名义给了她 4 个弗洛林 42 个克洛泽，可是她给了我一份附加的账单，要求14 个弗洛林和 24 个克洛泽。给我的仅是一个必要的交易规则。这个坏蛋不应该骗你。但是现在不急于做，亲爱的！你只要把这件事记住就行。——跳起来，如酒神狂欢！《施瓦本年鉴》还未

---

1. 心上的少女（Herzenmädchen），荷尔德林的女友爱丽泽·勒布莱特。
2. 让·雅克（Jean Jacque），让·雅克·卢梭。
3. 卡斯托尔（Castor）和坡里克斯（Pollux），希腊神话中的双胞胎兄弟，卡斯托尔是凡人，坡里克斯是神。

审阅。玛格瑙昨天给我写了一封优美的信，我为此像孩子一样欢天喜地！——如果你愿意，亲爱的！我们就通过书面审阅我们的诗吧，如在我们同盟的金色时光！如果你对此有什么想法，诸如此类很妙，当玛格瑙去你那里，就跟他说说！我也会就此给他写信。——我仍在修道院，原因是我的母亲的请求。她太可爱了，你会酸上好几年。

尽快把你的诗寄给我！它们比书信更滋润我们的心灵。一言为定，亲爱的！

你的

荷尔德林

寄上给你的兄弟先生的书！
向在斯图加特的你致以一千次的致敬和问候！

* 或可能奖学金共计 20 个弗洛林？为避免误解。

遇到火情，好朋友冲在我前面

致妹妹　　　　　　　　　　（蒂宾根，1791年12月5日或10日）

亲爱的莉克：

　　谢谢给我的预见，它让我和其他人避开了一场大灾难。

　　上星期六晚上九点以后，修道院里燃起了大火。大火起在旧建筑里一个好长时间不用的储藏室，里面堆满了草。很显然是一盏临时用的灯掉下的火星引燃的（因为那个储藏室没有门），烟雾弥漫在修道院上空，在我们知道发生了事情之前已惊醒了敲钟人。突然一个法国人，他不会说我们的失火啦，在旧建筑的一个房间里发出尖叫，那里我刚刚去过——我们冲出去，和他一起下楼，因为我们还不知道他想要什么——可是还没等我们到楼下，就看见在我们已到达的走廊那头，火焰从储藏室里冲出来。

　　我们向那里扑去，火焰已经冲到阳台，我的好友罗塔克尔和其他一些人已经冲过火焰和烟雾，在我们前面冲了进去，把烧着的草从一个门里扔出来，并且把其余的乱七八糟都清理了。当然我们其他的人在那里没呆多久，而是冲出去找水，至少水对救火是最有用的。可是除了酒瓶我们没有容器，我们呼叫救援——救援来自城里，他们在我们之前就觉察到起火。人们并不太需要我的参与，倒是我要赶紧收拾自己的东西。我把新楼上我卧室里的东西一股脑儿收起来，奔向司库先生的花园，我在那里把床上最必需的东西包好，把它扔在花园里。因为我想，一会儿人们拿着大包小包不可能从门里挤出来，可怕的是，火焰会迅速蔓延开来。过了一会儿有人喊，它已经过去了。可是烟雾还在楼上，刚好覆盖在火焰之上，浓密得好久不散，人们猜测，火就隐藏在地板下，正在四处蔓延，但是这没有任何迹象，守夜人值守了一整夜。

我承认，我受了点惊吓，但比我设想的要小；可能是因为这么大的人群分担了我的遭遇。没有人发出悲惨或恐惧的叫喊，在城市上空只有一种救火的尖叫，因为缺水。

谢天谢地它已经过去了！——

为寄来的东西我诚恳地感谢。昆小姐[1]的小包裹我没能找到。现在我还有一个对亲爱的妈妈的请求；它从我心里不是很轻松地说出的。对那个书商，我还有 13 个弗洛林的账单未支付，我还有一些必需的书要买，但是这么长时间我欠了他的债，心里始终不能释然。假如亲爱的妈妈缺少这笔钱的话！为此我特别地抱歉，我近来每半年要以这种方式让亲爱的妈妈感到厌烦。你也美言几句吧，亲爱的莉克！那笔钱我不是粗心大意地欠下的。——现在我必须很快地中断书写了。

你的

亲切的兄长

---

1. 昆小姐（Jfr. Kühnin），不详。

弗里茨

新闻：

毛尔布隆的纳斯特小姐[1]已经与她已故的小舅子的兄弟订婚了，如我所闻。

我急需你的到来

致诺伊菲尔　　　　　　　　（纽尔廷根，1793 年 3 月 31 日前后）

亲爱的兄弟：

　　如果我的请求对你还适用，那就请吧！到我这儿来，我急需你的到来。我妈妈和我这么信赖地期待你并且让我再次邀请你。根特纳早就应该这样做了。但是我相信，他是忘记了，你可以把你的业务和你的快乐放下几天的。

　　向 D. 斯陶特林致以我的问候。我已经把他的委员会建立起来了。枢密官比尔芬格尔想指派他扮演一个离婚的角色。

　　你这段时间见到那位勒布莱特小姐了吗？说过话吗？写信告诉我吧。

　　尽快地把附上的信送给巴尔迪里，他在养老院教堂附近的科考顾问雅戈尔的屋子。生活幸福，亲爱的。一定要来啊。

　　　　　　　　　　　　　　　　　　　你的

　　　　　　　　　　　　　　　　　　　荷尔德林

假如渺小被准许与伟大并肩……

致诺伊菲尔 　　　　　　　　　　　　（蒂宾根，1793 年 5 月）

　　我答应你，亲爱的兄弟！这次一定写。我保留了美言佳句。你对我再次变得这么可爱了，贴心的老朋友！看！我一千遍地感谢我的命运，它重又把你给了我，现在，我所有美好的希望都开始枯萎。我们的心，如果它没有所爱的人，就没有了对人类的爱。我们曾口口声声说，我们的同盟是永恒的同盟。我已统统忘到九霄云外，我尊贵的朋友！显然，我只是个小人物，一点孩子气就可能把你我分开。可是实际上它并非如此贫乏的纷争。你改变了；你内心的杂事已经让你变得心神不宁；你自己都不认识自己了；我如何认识你呢？你作为我最初的友谊之人，我对你的友谊至爱，胜过我的初爱。你必须重新变成那个人，成为我们共同体的快乐、希望和事业中的、围绕着我的友谊发生过的幸福时代中的那个人。可是谢天谢地！我重新认识了你。我相信，我们尤其感谢健康舒适的爱。你与那个哈夫奈尔小姐的幕间剧不值一提。她与罗斯林一起去过纽尔廷根。她对忧伤无动于衷。据说那让你感到宽慰。她与罗斯林很欢乐，其中有很多极其愚蠢的玩笑。总的来说我对她彻底地不喜欢。她应当有好的品性。但是爱的品性被情欲和卖弄风情可悲地毁掉。一些小聪明，一些感性生活，就心满意足！那是在矫揉造作的表象之下被本质所驱动，以外则一无所有。

现在你自由地在广阔大道上。经常把你的天堂里的消息告诉我。这里在地上只有荒凉和空旷，就像在夏天那样贫瘠。

我心中的女王[1]现还在你们那里，我常常多么想念她。

斯陶特林在这儿对于我就像节日。当然，假如某个老同志能从束缚他躯体和心灵的极乐魔法中抽出一天来，那将是多么巨大的欢呼。

假如渺小被准许与伟大并肩[2]，或者颠倒过来！捉襟见肘的财务状况也把我禁锢在魔圈里——在我孤独的小屋。我必须特别俭省。早晨四点起床，自己煮咖啡，然后工作。我通常都这样待在我的小屋，直到晚上；常常在神圣缪斯的社群，与我的希腊人在一起；现在再次在康慈先生的学校。生活幸福，亲爱的兄弟！下一次我可能会把我的小说的片段[3]寄给你，供你评判。如果你很好奇，你可以在这段时间询问那位亲爱的医生。我把一些节选读给他听了。

你的

荷尔德林

---

1. 心中的女王（Herzenskönigin），荷尔德林心仪的爱丽泽·勒布莱特。
2. 译自维吉尔《农事诗》第四卷（Georgia Ⅳ），原文是拉丁文："Si parva licet componere magnis"。
3. 荷尔德林的书信体散文诗小说《许佩里翁》（Hyperion）的片段。

一颗被最纯洁的爱赋予生命的心

诺伊菲尔致荷尔德林　　　　　（斯图加特，1793 年 8 月 20 日）

　　你要再次收回你的诺言了吗，兄弟？秋天不来看望我了？不把你的当前奉献给你的朋友们了？斯陶特林对我说，你在冬天之前不到这里来了。我对此不能相信；那肯定是彻底搞错了，我也不能用那个美丽的期望欺骗自己，现在你再一次完全是我的朋友，就像我们的友谊开始的时候一样，你很快就会重新兄弟般地在我心上。我已经完完全全梦见那个美好的秋天的日子，恩赐我们友谊和诗歌艺术。你不要摧毁我的梦想，那是我用我的心说的。愿你像我想象的那样说。我相信，你会把你作品的很大一部分带到这儿来。在那些宁静的早晨，你朗读给我听；为此，我向你打开我的那些小作品，我们，我们逐个审阅它们，为我们力量的增长衷心地喜悦，互责和互爱，兄弟般地执手，鼓起勇气行走在更荒凉和更刚强的小路上。这必定是一种心灵的享受，不是吗？我们用别的满足分享其余的日子。我们结伴去往一个村子，享受那里大自然的美丽温馨，我们在斟满的高脚杯旁边躺下来，唱一首快乐的歌。看，我都已经梦见了，斯陶特林的消息惊吓得我把一切扼杀。假如去往布劳博伊伦对你是不可撤销的决定，那你至少还可以余出几天给你的老朋友。你所爱的人们多么喜欢有你和他们在一起，但是不要因此忘了，这里也有很多人爱着你。我有很多要对你说，那是我不能托付给一封信的。人在一刻钟里讲的，比在一天时间里写的要多得多。我希望，你应当对我越来越满意；因为我一天比一天是这样。一颗被最纯洁的爱赋予生命的心，担得下一切更大的分量。我常常几乎认不出自己，当我与更早时光的自己相比。我思考的和做的所有事务，对我都是更好的，我每天给自己编织更好的希望，因为过去我每天都失去一个新的希望。在我内心，有一个新的世界在发展，它是我过去不曾预感的。但是我还想要知道，你和爱丽泽[1]相处得怎么样了。我衷心地渴望了解。我更渴望知道我所有的朋友有多么幸福，远甚我希望自己。

斯陶特林的杂志进展得怎么样了，我一无所知。他没有为此设立任何机构，我认为，那最终是早晚的事。我常常告诫他。你也要告诫他。假如一事无成，我将不得不把我的作品寄往外国[2]。

我急切地期待着福斯和比格尔的《年鉴》，因为我也有作品[3]在那里。现在，我将第一次接受评论。上帝宽恕我的罪过。我为我的作品感到惴惴不安，因为它们现在我自己的眼睛里已经失去了所有的价值（而人们对他们的孩子总是有一点偏心）。总的来说我的情况实际上一直是这样。起初新事物对于我不断展现一种朦胧的名望，但是不久它的魔力就消失殆尽。至于我那首致希望的颂歌，我的感觉如下：对其他的作品我将来仍将照此办理。一方面

---

1. 爱丽泽·勒布莱特。
2. 外国（Ausland），指家乡符腾堡以外的地方。
3. 作品（Arbeiten），由比格尔主编的《戈丁根缪斯年鉴》，比格尔去世后，由卡尔·莱因哈特主编，1794 年发表了诺伊菲尔的三首诗。

那是对我的羞辱，另一方面是激励我在未来做得更多。

生活幸福，尽快回信

你的

诺伊菲尔

我宁愿留在纯洁的青少年时代

致妹妹 　　　　　　　　（迈农根附近的瓦尔特斯豪森，1794 年 1 月 16 日）

　　请原谅，尊贵的妹妹！我还未向你书面表达我每天对你、对妹夫先生，还有你的小家伙的想念。我在这里的社交圈子这么小，我总是被成百的琐事打扰，找不到足够的安静给亲爱的母亲写信。从科堡出发，我在旅途中第一次给她写信；新年过后的星期五又写了；可是还没收到回复。如果我明天不得不白白等待，那肯定会让我担忧。你这样善良，就把这封信寄到纽尔廷根去吧。我肯定，从这里发出的让人快乐的消息不会让她不舒服。——我能应付好自己的事。你可能很容易地认为，就满意度来说，我有权对你有一点点不满意，那并不很坏。假如我在世界上没有一点快乐，我宁愿为自己保留我的纯洁的青少年时代。假如我能为你每年创造这样一个年代！它的创建完全是为着根据教育的法则进行教育。我的少校是一个很好的人，是在大海上和战争中，在与德国、法国、美洲的我们的时代最好的头脑的交往中，受到教育的。但是，正像人们说的，与少校夫人相比，他在精神上是个侏儒，少校夫人现在耶拿。"您通过教育一个八岁的思考的人，向人类展现了一种服务"，她在一封写给我的信中说，这封信我要好好保存。"您向人类展现了一种服务，我保留向您表示您应得的感谢。"

（我的小学生因为快乐，围着我这么吵闹，他今天被我称为一个积极的好少年，这是我至今未曾想到的。我不能给你帮助，亲爱的莉克！我不想打扰他。）

这儿的神父是一个很合我心意的人，我们在这儿不喝啤酒，而是喝葡萄酒，在地球上肯定没有像他和我这样信任的一对。我的尊敬的妹夫先生当然也会有一点点的惊奇，两个这样不同质的人物怎样互相喜欢，那么我要对他说，他是一个大外交家，不过他可能对庸人感兴趣。这里的人们都欢迎我，到处对我彬彬有礼，那在我看来，让我比过去更加能与人交往。与我的服务相应的，还有很多消遣活动，假如我要利用它们的话。如果我愿意，我可以和少校一起去狩猎，但是坦白地说，我至今还没有射中一只兔子。可能我还得学学。这里风光旖旎。少校夫人的女伴是一位来自劳希茨的寡妇，有罕见的天赋和心智，讲法语和英语，从我这里拿走了康德的最新的文章。除此之外她还有让人感兴趣的身材。不过你不用害怕，亲爱的莉克！对你的易冲动的兄长，要知道：（一）从我任家庭教师以来，已有十年左右的明智；（二）很棒，她信守诺言并且比我聪明很多。请原谅我的滑稽剧，贴心的妹妹！下一次写得更明智些！

永远是

你的

弗里茨

对所有人致以一千次的问候！

向亲爱的卡尔致以问候。

在你的家里一切不言自明。下次我将给妹夫先生写。

顺便：少校在政界有很多熟人，他非常确定地相信，到复活节就会实现和平[1]。

---

1. 这个和平的希望没有实现。

我看到更多滋养我的精神和我的心

致母亲   （瓦尔特斯豪森，1794 年 7 月 1 日）

最亲爱的母亲：

　　我几乎感到害怕，我这一次长时间的沉默无声对您是特别不合适的。但是您已经看到了我给妹夫先生的信，那是其中一部分的原因。此外，我向您承认，您的信有一部分让我不可能直接对它作出接受的回应，尽管我就此而言，已经彻底地解决了。我早就看到，假如我应当选择一种固定的居家的状态，我似乎必须最好放弃我的教育。很可能，您会把别人的榜样放在我面前，他们很快乐地珍视，这么早就找到了一种生计，就像人们说的那样。但我相信，无论过分苛求，还是梦寐以求，就我对自己事业的需要的认识程度，现在仍然需要保持一种状态，我在其中能看到我面前有更多可能，滋养我的精神和我的心，而在很多方面，不受一种固定的市民关系的限制。亲爱的母亲！这是一种责任，认识它独特的性质，它现在是好还是坏，有可能在周围获得很多，或者尝试使它成为对该性质有利的状况。此外，在这条道路上进入市民社会的一个职位，违背了我的基本准则。假如它在我的情况下也仅仅是一个坏的表象，那么我将会并且应当，完美地在这样的事情中避开它。

　　出于我列出的这些理由，我肯定您会支持我的决定，这是经过反反复复的、不受约束的深思熟虑后才确定下来的，更重要的，我借此机会向您保证，我绝没有选择一条通向我未来更有效率的、以任何一种方式成为您的负担，或者可能损害声誉的道路。您对我说过，您对 L.[1] 感到惋惜，但是我想，假如她对我是认真的，那她就不应当希望有违背我的性格的事情。假如她对此仅是半心半意，那她将自我安慰，而我也要想办法安慰自己。我多么希望，这种关系，这个不寻常的一面，一直在我的眼睛里，永不破灭，但并不意味着我敢于为此立刻向她发出请求，因为太爱我而放弃幸福；因为那是我之所愿，也是为她好。这件事我托付您，亲爱的母亲，假如您有任何另外的决定——或者，您已经说了什么，您就说，我去旅行了，不写信了。——谢天谢地！那我胸中最艰难的点就去掉了。您会相信，它让我蠢笨的心难以冷静地写，假如我精确地关注这件事，我就会焦躁不安，既不符合我的心愿，也不合您的心愿。我必须停笔了。快给我写信，亲爱的、永远尊贵的母亲！希望您也给封·卡尔布夫人写信。关于我的旅行我还没有什么可以给您说的。但是下个邮政日我写信给亲爱的卡尔，那时就都有了。

　　我一如既往地健康。我的经济情况也良好。去伦山和福尔德地区的运动使我获益良多。此外，我多么喜欢漫游世界，也让我无忧无虑地宁静地喜欢瓦尔特斯豪森。——一千次地致意亲爱的外祖母夫人；对亲爱的卡尔我下次一定写。他的信让我特别高兴，

---

1. 爱丽泽·勒布莱特。

尤其是他现在这么好地选择读物。您记着我，亲爱的、最尊贵的母亲！

您的

弗里茨

命运从不丢弃财富，只要它不丢其自身

致诺伊菲尔 　　　　　　　（瓦尔特斯豪森，1794 年 7 月 10 日或 14 日）

亲爱的兄弟：

　　你的每一封信对我都是不可缺少的，它通报了我们双方的活动以及它的近况。我以真诚的同情对你的高贵的情人以及你与她遭受的不幸深感惋惜。你们唯全面地感受到互相之间意味着什么，我内心最真诚的愿望是，这根美丽的纽带将会保持在这个稀有的亲密之中。假如我梦见，这样一个女子有一天也来到我身边，而我屋子的炉灶也正好挨着你和你的小玫瑰花[1]，那我有时就能为那永恒的渴望设置其应有的界限，它总想从世界的一地到另一地、从一种作用到另一种，或者为了更好地理解，尤其是既然我能够如此清晰地从自己当前的状况看到我们在持续活动中的力量，就像一张狭窄安静的脸的轮廓和行动的圈子，如果人只是偶尔与之熟悉，并且由于对象的多样性并未疲惫和瓦解，让我们保持更加强壮和纯洁，就像某些隐藏的美丽的快乐，当人们匆匆而过时，是不会觉察的。此外，那神圣的事件将会怎样！我们不能把山峰变成山谷，也不能把山谷变成山峰，但是我们可以攀上那

---

1. 小玫瑰花（Röschen），诺伊菲尔心爱的女友罗西娜·斯陶特林（Rosina Stäudlin，1767—1795）。

广阔天空的和自由空气的，以及自豪的高度的山峰，我们也能在山谷的安宁和宁静中愉悦，并以那种我们可以从高处俯视的可爱和美好，为的是更加亲密无间。不仅如此！山峰上有我们所要做的，因此我们奋力攀登，我们也能在山谷里种植和建筑，所以我们留在那里。

请原谅，亲爱的兄弟！但是这样一种突发的思想，人是不能轻易再次放弃的，假如它与我们的存在有一点点相同，并且陷于空谈。——针对你在你的信中表达了你的精神无所成就的地方，我从赫尔德的《提通和奥罗拉》[1]中为你抄写了一段："我们以何命名我们的幸存，对于更好的心灵，那仅仅是重新唤醒沉睡者，一张松弛的弓重新投入使用。田野休闲了，为的是更多的丰收：树木在冬天死亡，为的是在春天重新发芽生长。命运从不丢弃财富，只要它不丢其自身，并且不光彩地怀疑自身。那位似乎屈服于命运的天才，适时返回，带着新的活动，幸运和快乐。朋友常常就是这样的一位天才！"为我创造快乐，亲爱的，尽快给我写信，我已经成为你的一部分了。

你翻译卡提利纳我很感兴趣，因为我在前些年就已经读过了，对它很熟悉。在它那个时代这真的是一项工作。你是对的，翻译是语言的一个治愈体操。它具有优美的柔韧性，必须顺从外国的美丽和伟大，常常也必须迁就外国的情绪。但是，就我对你感到的惊奇，你能够如此始终不渝地把这个工具用于你的目的，

---

1. 荷尔德林此处引用了赫尔德的《提通和奥罗拉》，在第一个逗号前原文为"Was wir Überleben unsrer selbst nennen"，在原文的"nennen"（命名）之前还有"also Tod"（即死亡），因此这一行完整的译文应为：我们以何命名我们的幸存即死亡。

那我将给你一封挑战书，当你完成手头的两项工作之后，开始一
项新的同样的工作。语言是我们头脑的、我们心脏的器官，我们
想象的、我们理念的符号；它必须服从我们。它现在已经在外国
的服务中生活太久，所以，我认为几乎要担心，它再也不会成为
那个完全自由的纯粹的，未经任何雕琢，我们精神的发自内心深
处的表达，而不是任何其他的。要不是马上要走的邮差的催促，
亲爱的兄弟！我会愿意对此做一番阐释。——这个下午我的书写
被少校夫人打断。她看到我在给你写信，就委托我，因为你的问
候向你致以最衷心的感谢。要我给你写，就她对我们的了解，她
相信，我们之间的友谊会比任何别的更能持久延续，因为，当一
个人为此目的伸出手去，她通过参与精神和性情感兴趣的一切，
参与存在所提升、扩展、美化的一切，使自身得到增强和扶持，
于是，他们永恒地结为一体，因为他们的爱，正如他们的完美无
缺的进步，是永无止境的。她所说的，我几乎是逐字逐句写的。
进一步说：——如果考虑到你的，那么，在这个谈话中，那不可
分离者绝不应当离婚，小玫瑰也应当永远陪伴你——她想要见到
人，他们因为爱在我们的时代如此罕有等等而不悦。我相信，你
能从我忠实地转达的话语中对她存在的一部分进行惩罚。我的小
家伙真是个好样的，诚实，快乐，易管教，相处融洽，精神力量
毫无古怪之处，并且从头到脚非常漂亮。我也愿意给你讲讲我的
另外一些事，讲讲我的小说，我对康德美学的工作，翻过伦山去
福尔德地区的旅行，这是我最近刚刚进行的，以及另外的一些，
如果我不是十分必要地结束书写。你不知道，斯陶特林是否把
我的勇气的诗寄给《乌拉尼亚》了？我希望知道，以便可以另作

他用。

你的

荷尔德林

请善意地把附上的信寄给黑格尔的家，并借此机会问候黑格尔夫人，对她说，赫斯勒也向她问好，在我不特别忙的时候，我能获得空闲，会给她本人写信。我是否应该通过另一些给他兄弟的信做这件事？

朋友告知心爱的妻子小玫瑰花病危的消息

诺伊菲尔致荷尔德林[1]　　　　　　（斯图加特，1794 年 8 月 16 日）

　　斯陶特林[2]早已把你的致勇气的颂诗[3]寄给了《乌拉尼亚》，但我不知道它是否已刊印。——谨告知，他[4]亲爱的小玫瑰花正在走向她的坟墓，那位迄今如花烂漫的少女。他急于与斯陶特林同往。

---

1. 此信系节选和摘要。
2. 斯陶特林，诺伊菲尔的"小玫瑰花"（Röschen），遭遇了一次事故。
3. 致勇气的颂诗，指荷尔德林的《致勇气的守护神》，荷尔德林曾委托罗西娜·斯陶特林把它寄给《乌拉尼亚》杂志发表。
4. 他，写信的诺伊菲尔本人。

你属于人类，你不能离开他

致诺伊菲尔 　　　　　　　　　　（瓦尔特斯豪森，1794 年 8 月 25 日）

　　我能帮助你什么，我贴心的朋友！上帝知道！我愿为此献出
生命。我的快乐已逝，你的忧伤将时时提醒我，围绕着我，我
在其中，而我不知道，假如我不能拯救你于万一，我如何能够
承受。

　　亲爱的！你必须，你将会高举起你的精神，该来的，一定会
来。你属于人类，你不能离开他。人经由大喜大悲才成为男子
汉。一个未来，如英雄在战斗中所能期待，在等待你。你不会变
得麻木，生活将经历过它，高贵的意识将会伴随你，无名的痛苦
将被克服，你将奋力搏击，进入永恒的领地，你将在人类之中，
作为一个人，但是一个神性的人。

　　亲爱的！永不消逝者！你也属于我。在我的心以持久的希望
所依赖的一切之中，对于我，迄今唯一持久的是与你的同盟。我
不知道除了你的心灵，还有别的心灵值得我信赖。我从未像你一
样富有。爱也从未给我带来快乐，我不知道是否能一直如此，但
是我过去常常因为你才有不能言表的快乐，并且期望有更多的快
乐一直延续下去。你从来也不曾认识我，我对你什么也不是，我
的兄弟！让我们共同走过这个黑暗地带，共同工作，唯用胜利滋

养我们的心。我向你发誓，首先是向人类发誓，在人间任何人不能像你一样对我有权，我将是你的，就像你的心灵是你的一样，假如我不会对任何凡人卑躬屈膝，我对你却永远如此。征服世界，粉碎国家并建设，对于我无足轻重，永远也比不上克服这种痛苦。

赐予我生命的慰藉，赐予你一切胜利之胜利！我不让你走。我无尽地向你呼唤，假如我从你的和她的尸体而来：那痛苦会把我扔到地上，却永不能把我征服，我意已决。

让她先走吧，在那无尽的路上走向完美，假如冥冥中既如此！你匆匆追随她，而你在此，年岁尚漫长。痛苦将会激励你的精神，你将会与它步调一致，你们将紧密相连，仿佛你们是一体，紧密相连者，却会重新找到自身。

你愿听我的吗？我希望如此。在我看来，她的父亲的去世，你们之间的关系，带来了千倍的幸福，但肯定也有很多默默的悲伤，因此很显然，可能这个显而易见的肺结核成为深深的心痛的根源。假如是这样，我就能安心一点。

我恳请你，在下个邮政日再给我写信，哪怕只一点点，只要写一点她的和你的情况。假如无济于事：那么什么也阻挡不住我，我将立即启程前往，跪着请求你，饶过你自己。假如那也无用，那我就希望通过几天真诚的日子多多少少打破你的悲伤，这也是我充足的理由，去往你那里。

哦，我的诺伊菲尔！假如我已在你的身边！我坐立不安。期望你的下一封信让我多少振作一点。不要忘了，是你在遭受痛苦，而我是与你同当。上天福佑默默的圣者！

永远是

你的

荷尔德林

我急着要利用下一次机会，给你写写维尔茨堡。假如你的信能早一点到这里，你也会喜欢拥有。因此信的地址写往萨勒河畔的新城附近的瓦尔特斯豪森。

有关维尔茨堡。

从梦幻的王国到真理和自由的王国

致诺伊菲尔　　　（迈宁根附近的瓦尔特斯豪森，1794 年 10 月 10 日）

　　我曾比平常更接近你，近了几天的路程，我在斯泰格尔森林的卡尔布家的田庄，这是班贝格的附近，在这里等待你的上一封信，它促使我不顾所有的抗议，仍然奔向你并向你展示，这个世界上还有某些值得你珍视的东西，尽管那封信读起来不让人开心和舒服。我很快就收到了那封信，从这里出发之前我想尽一切办法，让人把它转寄给我。为此的付出并不大，亲爱的兄弟，因为我几乎已经在半路上了，并且大自然给了我一双铁脚板。但是信来了，这只有我知道，我多么高兴啊，你不需要我了。那是很多个小时之一，此时快乐对我们却像一个月。愿望深深地、永恒地根植在我的内心，那美丽的爱与爱所给予的所有的祝福，所有的德行一起构成，以及她所有的鲜花和果实共奉。我总觉得，她就像秋天的一只夜莺，我却与时代对立。——你能够相信我了，亲爱的好兄弟！你我之间的这种不同，更多的是因为我的命运，而不是我的狭窄的生存状况，但它阻止不了我以快乐和尊重确认这种关系的全部的美和全部的价值。我并非徒劳地说到尊重，如果没有它，没有对他的尊重，没有恪守道德的人的高贵和坚强，这样一种关系肯定是不能存在的。但我也有另外的一点，与你的同盟：它将会持存，与它的鲜花和硕果，恰如你的爱之同盟。我对此是非常认真的，亲爱的诺伊菲尔！我非常之确信，我会在所有的日子证明我的确信，人不会在每一条街上找到这样的友谊，除非我不能把我们的友谊永远固守。假如我需要慰藉，而我的心与一个存在处在一种持久的关系中，我认出了一种我信任的心情，那么，那是我唯一的慰藉。你愿意相信我，我需要的正是这种慰藉，因为你，正如我所知，像大多数人一样能正确对待自己，而对别人则相反，假如他们能够，绝大部分都粗略对待，就像对他们的罐子和椅子一样；人必须仔细对待它们，只要它们还能用，或者只要它们还不过时，就不要打碎它们；——不言而喻，我不会让它们被打碎：我只想让自己有用，直到我能让自己更加有用，这也是不言自明；但这是很难的。

现在外部的职业于我常常艰难。我可以跟你好好说说。我原来对你也守口如瓶，因为我特地对你说过太多的理由，猜疑我内心有一种对一切非镀银和镀金之物的不快，有一种永远的痛苦，即，世界不是阿卡迪亚。但是我如此坚决地战胜这种幼稚的胆怯。但我是一个人。我必须认认真真，常常是特别紧张地努力，期盼成果。那确实使我痛苦，如果因为我的学生的天赋平常，因为他在幼年时遭受种种错误百出的对待，以及其他的我用于使他免受伤害之事，这种成果几乎完全阙如，我的痛苦对我自己微不足道，但是对我其他的工作造成了不可避免的干扰，这对我不是无足轻重的。如果你一天的一半用于一门课程，为此你除了某种耐心之外一无所获，另一个半天常常是，另一个什么也没有学到，你几乎白费了。——为此我试图振作自己，那很有效，每当

阳光照进我的窗子，我多数时候精神振奋地起床，尽可能充分地
利用早晨的几个小时，那是我唯一的、真正安宁的时间。这个夏
天大部分时间都用在了我的小说上，其中最初的五封信你今冬将
在《塔利亚》上找到。我现在的第一步几乎已经完成了，我的老
书稿上几乎一行也没有留下。从豆蔻少年到成人的成长过程，是
从激情到理性，从梦幻的王国到真理和自由的王国的过程，对于
我，总是一个这样值得呕心沥血的过程。如果有一天，我能把全
书誊清，那将是我欢欣鼓舞的一天，因为几乎已经有另一个不可
延迟的计划在我心中，苏格拉底之死[1]，我将尝试根据希腊戏剧的
理念进行加工。自春天以来我已经很少进行抒情诗创作。那首写
命运的诗，我在家里就开始创作，去年冬天几乎全部改写，在复
活节前后在一封信中寄给了席勒，好像已经被很高兴地接受了，
那以后，他在给我上一封信的回复中说的，我在那封信里附上了
《许佩里翁》的片段。他确定把它用于一本《年鉴》[2]，他将来会成为
那本杂志的出版者，我将应他的要求再把一些片段寄给他。它将
取决于我的秉性的多产，我是否能把我为莱因哈特的《年鉴》和
学会，以及康慈的《博物馆》准备的某些东西寄给你，我并不想
让你蒙羞，如果我能回报你兄弟般的提议，那将是非常漫不经心
的，而用这样草率的产品我也绝不是要让你感到烦恼。也许我能
给你寄一份有关美学观念的论文[3]；因为它可以作为柏拉图的《菲

---

1. 荷尔德林这个拟议中的写作计划显然并未实施。
2. 席勒主编的文学杂志《缪斯年鉴》（Musen-Almanach），荷尔德林的诗《命运》未在 1796
年刚刚出版的《缪斯年鉴》上刊载，而是刊载在席勒主编的另一本文学期刊《新塔利亚》
（Neuen Thalia）上。
3. 该论文未保存。

多》的一篇评论，它的位置之一是我的十分明确的文本，所以它可能为康慈所用。归根到底，它应当包含一篇对美丽和崇高的分析，根据康德所作的简化，另一方面，由于席勒已经部分地在他的文章中做了有关妩媚和庄重的论述，就显得丰富多彩了，但是他还是未敢越过康德的底线一步，但是我的看法是他应当敢于越过。别笑话！我可能错了；但是我经过检验，并且是长时间的并且费力地检验的。——现在我在加工我的诗《青春的守护神颂》。——显然我在 11 月初将出发去耶拿。有人认为，就我目前的状态，我的躯体和我其他的能量，都遭受着一定的痛苦，因此，把我送出去半年，带着我的学生，从多方面看，把他留在我身边对他是必要的。依我看，随它去吧。我期待着并且乐享其中，但有一条，我想，要对我的教育有利。一千遍地感谢你的高贵的少女善良的问候，我全身心地报答她。你的诗让我非常快乐，倒数第二节更像你内心的抒发和喷涌。少校夫人让我代致问候。"你的问候让她兴高采烈！"我意犹未尽，因为缺少时间，必须结束了。

你的

荷尔德林

写信告诉我戈特赫尔德[1]的情况。希勒已去美国了吗？黑格尔夫人把我的信寄给她弟弟了吗？别的那些漂亮的好孩子们在干什么呢？你不相信，我现在多么喜欢来自你们的地方和圈子的消息啊。

---

1. 戈特赫尔德，即斯陶特林。

曾决定我的行动的青春激情，已不能引导我

致母亲　　　　　　　　　　　　（耶拿，1794 年 12 月 26 日）

　　我衷心地致歉，亲爱的母亲！这么长时间的杳无音信让您担忧。但我感到宽慰的是，这看起来完全不是我的过错。我在从瓦尔特斯豪森出发前就已经写信了，并为我到班贝格地方的旅行，到卡尔布家的庄园而道歉，并同时对您关于樱桃酒和长筒袜的信衷心地表示感谢，立即作了回复，告知您我最近到耶拿的旅行和我的计划，以及我到富利玛尔拜访我的亲戚（因为那里还有一个姓海英的家，生活富有，我现在知道了），您将会发现，我在这里写的我的上一封信里，提到了以前遗漏的所有的人。我必须很正式地请求您，亲爱的母亲！您绝不要查找我的信长时间耽搁在一个什么意外中的原因；我神圣地向您保证，我将把我的消息最快地告知您，假如我急需您作为母亲的参与。在我生活中的这种依赖，常常会出现，我的状况中不可预见的变化，您可能要写信给我，却无法确定我的详细地址，甚至我自己都不能给自己准确的消息，在这种情况和相似的情况下，我相信最好的办法是，我长时间地等待，直到能够提供可靠的消息。我现在几乎就在这种情况下。我的主人现在突然觉得居住在这儿太过沉闷，而由于我的学生似乎在每一个城市都跟这里一样好商量，假如它是一个城

市，那就说明为什么要把他送到这儿，而与我的猜想相反，我将被迫在下个星期再一次离开耶拿，去魏玛，少校夫人将来接我们，并将住几个星期，也将进行观光，然后显然要动身去纽伦堡。我很抱歉，对于那似乎要为我升起的幸运之星，您的快乐竟如此短暂；我只好听天由命，但快乐的是，我在这里尽可能好地利用了我短暂的时间。我在那些本地的教授中找到了朋友，特别是席勒对我感兴趣，还有尼特哈默尔对我也很热情。在告别时我发现，如果我能居留更长时间，将会享有更多愉快和优越。我向您承认，由于很多真实的原因，我决定脱离这种关系，并考虑是否可以不在这里坚持了；我就此向少校夫人声明，她必须认定我的理由是充分的，这件事几乎就要了结了，假如不是席勒找到了一个幸运的中介，说服我就此声明，我的考虑（他对此是认可的）直到复活节仍然不放弃，那么，这种关系就予以解除。由于这一考虑优先照顾到了我的学生，那您完全可以自己发现，我是否不能毫无痛苦地说明此事。相信吧，亲爱的母亲！过去曾经决定我的行动的青春激情，现在已经再不能引导我了。对于我，一个快乐的想法是，我很快就能与很多人在您身边，有可能有一些天能再次见到我的祖国和家人们，在他们准备好之前。——让我痛苦的是，我的好同乡，尤其是赫斯勒和孙德尔芬根的卡梅勒尔，为在这儿继续他的医学学业，很快又要离开。——我的生活故事中一个值得关注的迁移！我没有跟任何一个当地的女士说过甜言蜜语。我不让我有限的时间用于造访漂亮和享乐的圈子。有一次我颇为内疚地在保卢斯太太那里，但我更愿意和那位教授交谈，因为他在神学领域是一个特别有意思的人。我说这些是因为那些美好的善意的劝告。——我给您写这些，还在收到您的回信之前，还是从魏玛写的。我现在因为即将到来的旅行心里很乱。我的卡尔现在怎么样？我应该向他道歉，因为我的信写得这么潦草。他现在还常常想我吗？衷心地感谢您和外祖母夫人的圣诞节礼物！也祝您们新年快乐！向布劳博伊伦和罗西高的人们一千次地致意！

您的

弗里茨

您用樱桃酒储存了巨大的荣誉。我应当为此，也为您的信致以深深的谢意。

我差点把一个重要的事情忘了。您问我，我是否没有兴趣在内卡斯豪森做一个牧师？我承认，我现在已经很难再从我的漫游、我的忙忙碌碌，还有我的各种小计划中回头了，也很难进入一种关系中，即使它有那么多令人敬畏的和舒适的东西，但是与我现在的忙碌和我的教育的进步是完全不能相容的，以至于它不能在我的性格中引发一场痛苦的革命。人无远虑，必有近忧，亲爱的母亲！与我现在的状况相比，我当然会在一个牧师的职务中得到舒适，但我在三十周岁时会得到比这更好的。我也不会冒险进行一种尝试，与我不认识的人、不愿认识的人建立一种恳求的关系。假如我需要那种关系，那么从前让我与此脱离的考虑就太无意义了。我今天还给我在蒂宾根的女友[1]写信。我向您承认，根据我所有对她的评价，不会希望同她保持或者建立一种更紧密的关系。我赏识她很多的好品格，但是我不相信，我们适合在一起。我这样写没有任何原因，唯一的只是，我对她的性格和她从前对我的态度常常不能释怀。但那绝不是一直很糟糕，当然也不是我能够为一个无可挽回的选择做出决定。

您健康幸福地生活。

劳驾您把附上的信密封，我相信，它不需要地址。

---

1. 爱丽泽·勒布莱特。

假如我们永远是少年

致诺伊菲尔 　　　　　　　　　　　　　（耶拿，1795 年 1 月 19 日）

　　我有很多要写给你，亲爱的兄弟！——我首先要对你说，我已经脱离了迄今的关系，现在作为一个独立人在这里生活。你可能会认为，要走出这一步我需要聚集可怕的勇气。你为此给予我祝福，这我知道。我非常艰难地这么做，假如不是我当前状况的特殊环境，我不会为那个正当的愿望，孤注一掷地做出一个尝试。我从瓦尔特斯豪森出发前给你写信，因为我的教育工作，我自身的教育受到多么大的干扰。亲爱的诺伊菲尔，我遭受的远远比我想写的多。我看到那个孩子如何一日甚于一日地变质而无能为力，显然，一个完美的教育者也不能做到。我们来到这儿，我不承认我的愿望是充分利用在这里居住，而仅仅是尝试为我的学生做出最大的努力；我为持续不断的夜间醒来付出我的健康，因为这对他的恶魔是必须的，我也想这样补偿部分失去的白天，对于我，常常似乎是成功了，但接下来仅仅是疲惫不堪的复发，而我也开始以一种危险的方式让我的头脑受罪，因为这种越来越经常的夜醒，还有懊恼。在这些沮丧的日子，你的来信让我惊奇，它让我的幸福无以言表，你的祝福和我那时的状况对比多么鲜明。与席勒的交往也让我情绪很高。在十二月快过去时，少校夫人到这儿来接我们，因为她出人意料地决定迁到一个城市里去，因此我们现在的住处不再有用。我们迁往魏玛，假如我的健康和我的情绪没有受到那么严重的伤害，我就能在那里更好地享有很多金色的时光。

我去赫尔德那里，那位高贵的人给予我的真诚，给了我不能忘怀的印象。他的表达方式也体现在他的谈吐中。我相信，我在他身上觉察到一种单纯，以及一种无忧无虑，在我看来，它是不可能从人脸上的表情中猜到的。我会更经常地去他那里。我与歌德认识了。我的心通通地跳着跨过他的门槛。这你能够想象。不过我在他家里没有见到他；而是后来在少校夫人那里。他的目光平静而庄严，也充满着爱，交谈中他言辞简洁，但是处处对他身边的愚蠢给予严厉的抨击，同时脸上也流露出严厉的表情——然后，重又闪现他久已未见的智慧的光芒——我如此喜欢他。尽管人们说他高傲；如果身处被压迫和被排斥之中的人，说他理解在行为上与我们之一的区别，那么他是撒谎。人常常相信有一个真正好心的父亲站在自己面前。昨天我还在这儿的俱乐部谈论他。我还与画家玛耶尔在魏玛交谈，他是一个质朴、诚实的瑞士人，但是一个严谨的艺术家，是歌德忠实可靠的同伴。——你读过歌德的新小说《威廉·迈斯特》吗？——这本小说只有歌德能写出来。尤其是你会为玛丽安妮屋前的情歌和有关诗人的对话[1]感到高兴。——可是我忘记了自己的故事。我已把我们从这儿出发的旅行向少校夫人做了说明，她对席勒说，如果我有兴趣，就留下来。

---

1. 见歌德的小说《威廉·迈斯特的学徒生涯》（*Wilhelm Meisters Lehrjahre*）。

少校夫人和席勒催我很急，再做一次检查，因为现在医生参与，仿佛我不应当只做一次就确定。但是这件事在魏玛是不太好的，为那个小孩子找一个家庭教师也不是很迫切，因为他在这儿也能上课，另外在现在的环境中我的帮助和监管已经完全不够了，所以，少校夫人自己提出，结束我的痛苦。我接受她的意见，但她不想让我这么突然地走了，我建议她，我能尽快把我的健康状况安定下来，我还想要继续听我中断的费希特的课程，她最终让步了，还为我准备了四分之一年用的钱，愿意尽一切努力，让我能在这里待更长时间，并建议我，每个月都要来几次，在分别时向我展示了她还算高贵的思想，以及她对我的真挚的友谊，这是我必须相信的。——我本想仔细斟酌着把我的每一步都告知你，但实在过于啰嗦。我现在白天都面向自己工作，只在晚上去听费希特的课程，并且尽可能经常去席勒那里。他待我十分真诚。那会持续多久，我并不知道。我这儿什么也不缺，只缺你，我的兄弟！我们什么时候再见面？相信我，我常常觉得，我从未一成不变地依赖什么，除了依赖你。你之于我，我无处可寻。如果说我有什么真正从心底所说的，那么就是现在。我也想常常在你身边，为了尽可能让你开朗愉快。这样高贵的爱竟会有如此忧伤的日子！问候你的小玫瑰，对她说，如果我得到她完全康复的消息，一定庆祝一个真正快乐的节日。你不应当让你原有的勇气离开，亲爱的兄弟！我常常担惊受怕已经够了，可是你还要给我这样一个好榜样。你将会在最新的《塔利亚》上看到你的《埃涅阿斯纪》的一个片段。席勒的新期刊《时序》[1]将以这种方式成为德国的第一部作品。我请求你，你要为我写那个严肃的萨蒂尔，千万不要放弃。席勒也说，现在必须把观众置于愤怒之中，它才能起作用。他怀着同情谈到你不知疲倦地埋头于你的《埃涅阿斯纪》，还给我看在康慈的杂志上刊登的尼苏斯和欧丽雅露丝[2]的故事。但不要让你被福斯吓倒。勇敢地向前走，并让人们惊奇，竟然有人想同福斯较量。这样对你更好！你愿把未来要给席勒的《年鉴》的诗寄给我吗？我不明白，他会把我早在施瓦本就以你的名义给他的诗放到哪里，我猜想，他可能是为那本《年鉴》保留的。他让我向你代致问候。

你可能记得沃尔特曼，他不久前担任了历史学教授，在比格尔的《年鉴》上发表了几首诗，我昨天刚刚认识他。他是一个轻快、高挑的人——完全是哥丁根的风格。——还有尼特哈默尔，他对我很友好，让我向你代致问候。

你问我，对我的蒂宾根故事[3]是什么态度？一如既往。我在出发之前就跟你说过，如果我还记得，我与那个好孩子有过很多快乐的时光，当然也有一些痛苦的时候，但是，假如我能对她更了解，绝不可能同她建立更紧密的关系。我不久前刚刚给她写过信，就像人在世界上总要写一些信的。天啊！假如我不认识她，不把我的理想寄托于她，不为我的不体面忧伤，那是多么幸福的

1.《时序》(Horen)，席勒主编的文艺刊物，刊名取自希腊神话中的时间女神。
2. 尼苏斯和欧丽雅露丝（Nisus und Euryalus），古罗马诗人维吉尔的《埃涅阿斯纪》中讲述了一个悲壮、凄美的爱情故事。年轻的恋人尼苏斯和欧丽雅露丝从他们没落的城市特洛伊逃亡到意大利，在与讲拉丁语的暴徒的冲突中殒命。
3. 荷尔德林与前女友爱丽泽·勒布莱特的故事。

日子。假如我们永远是少年。写信告诉我，导致你问那个问题的
原因是什么。这里让我把那位少女和女士的事冷却。在瓦尔特斯
豪森我在屋子里有一个女友[1]，我不想失去她，她是德莱斯顿的一个
年轻的寡妇，现在迈农根做家庭女教师。她是个特别通情达理、
坚定、善良的妇女，因为一个糟糕的母亲所以很不幸。如果我换
个时间跟你多谈谈她和她的遭遇，你会感兴趣的。

　　我这个中午有来访，不能再给你写，必须赶紧。如果可能，
收到这封信后马上给我写。我极度地渴望着你的一行文字。为我
保留着你的一片心！我决不能缺少你，一生都不能！

永远是
你的
荷尔德林

　　还有一个请求！你不要去拜访我的母亲，如果你必须去，她
一定十分不满我改变我的状况，让她安静。我将尽一切努力，不
增加她的负担，因此生活非常节俭，每天只吃一餐，饮食非常平
常，拿着一罐啤酒想着我们的内卡葡萄酒，以及那美妙的、让它
神圣的时光！生活幸福，亲爱的！

---

1. 荷尔德林在封·卡尔布少校家任家庭教师时，与少校夫人的女伴威廉明妮·吉尔姆斯（W. M.
Kirms）交往甚密，荷尔德林在给妹妹的信中说她："有罕见的天赋和心智，……还有让人感
兴趣的身材。"

把我们的生命化作她墓前的乐曲

致诺伊菲尔　　　　　　　　　　　　　　（耶拿，1795 年 5 月 8 日）

　　我将努力从我的悲痛中集合所有的一切，亲爱的可怜的兄弟！在你的家人们中爱惜你。我向你承认，这也压倒了我，我不知道该对你说什么，如果这样一个高贵的、无以替代的存在现在我眼前，她曾经为你而活，我必须说：这是死亡[1]！哦我的朋友！我不能理解，这颗无以形容的心，这颗曾经让我们快乐的心，就这样碎裂了，我对这个逝去毫无思想准备，那是我们的心，我们心中最好的、唯一的，值得努力聆听的，带着围绕着它的所有痛苦逃离——上帝，我像一个孩子一样祈求他宽恕我！我不理解在他的世界上的这个死亡——亲爱的！你在你的悲痛中对我是神圣的，我应当把对所有的一切的悲伤的迷惘，对你的不幸的痛苦，首先真切地感觉到，或者——我真的不知道——首先促使我在你面前保持对此的缄默。我是一个令人讨厌的安慰者。我像个盲人一样在这世界上摸索而行，却应当给痛苦的兄弟一点光明的指引，让他在黑暗中快乐起来。不是吗，亲爱的？你在你的亲爱者的学校学到了某些更好的？不是吗，你将把她重新找到？哦，如

1.收到诺伊菲尔的哀信后，荷尔德林回信表达了深切的同情和安慰。

果我们仅仅徘徊在此处，想要有一会儿做个梦并且在梦中成为另外一个，——不要为我这种没有良心的话恨我，你从现在起要保持对自然的忠诚，你的纯洁的毫无迷惘的心会安慰你，神圣者不会为你而去，你再也听不到那高贵的心向你倾吐的亲爱的话语，她再也不会以她不变的亲切站在你面前——我的兄弟！但愿你的心能接受这安慰，我愿以此将我的心平静——她的精神将与你在每一种德行中、在每一种真理中重逢，你将在每一种伟大和美丽中重新认识她，世界在那时偶尔会让我们愉快。我在你面前必定显得十分虚弱！我又阅读了一遍你的信，正如你对说我的，我发现，她会引着你度过整个生命，她的持久的在场将会维护着你，正如你迄今仍在崇高的纯洁中活在她周围——如同我在她的坟墓上赐予这爱的心灵永恒的春天，你的心之春天！因为我希望对你和那颗心，对她的思念将报答你，你的心的最好的部分将永不改变；每一天将会使你快乐的是，她将更加庄重，更加与你相像。

　　你们的爱是唯一的，在现在这个无心的小小世界上。难道她不是一种永恒的爱吗？相信我，我的贴心的朋友，你将来会对我说，如果你的价值让我高兴，我将对你说，你是那唯一让我忘记了生活的饥寒交迫的人，于是你会对我说，那我要感恩于她！她帮助我从生活给予我们的冷漠无情中走出，在她身上显现的比大多数人相信的更多，比千千万万更多，她给予我对自己的信心，她在生命和死亡中走在我前面，我随着她奋力走过黑夜——贴心的朋友！我与你紧紧相连，我与你开辟通道，我与你分担痛苦，我也会与你分享果实；你有权利，把我们的生命化作她墓前的曲调，比我们能够给予她的可怜的弦乐更好——太奇妙了！我的痛苦真的是不能言说的，我除了眼泪，一无所有，我必须竭尽全力，为的是向你说出几个可怜的词语，我再次从你的信中创造出最初的安慰——假如我的能成为你的什么！假如我们自己能有更多的什么！你的遥远让我现在有三倍的痛苦。我最近给你写过，我要在秋天来。也许可能，我更早一些来。假如你来这儿，那我就留下来。但是那样我实在很难忍受得住。我们两个现在世界上如此筚路蓝缕，我们除了是我们自己，一无所有，此外，在我们心中和我们之上的，是一个更好的世界，我的诺伊菲尔！而我们只能这样天各一方生活吗？我很快就来；你于是要把我领到她的墓前，上帝保佑！这样一种重逢是我不希望的。——你能不能不带着我，亲爱的兄弟！或者早一点来看望我？那对你肯定是好的。你会发现到处是朋友。那就来吧，无论如何是值得的。我在下个邮政日再给你写。如果你能战胜自己，那就尽早动身。你和我都遭受着痛苦。我们在我们的位置忍受痛苦，就像她已经遭受的。为着世界和我，保重自己！生活幸福，善良的，高贵的！

你的

荷

那个可爱之人是为你而生

致诺伊菲尔   （法兰克福，1796 年 3 月）

亲爱的兄弟：

　　你这么长时间不写信，我一点也不感到惊奇。我知道那是怎么回事；人总是喜欢对朋友说些什么，不至于一星期后就非要把它拿回去，而永恒的潮汐把我们前后摇晃，在这一刻还是真真切切的，在下一刻我们却不能真正明智地说说我们自己，在此期间，我们写的那封信来了，它有我们诉说的痛苦，在快乐中，或者我们告知的快乐，转变成痛苦，我们的心情和精神大多数的表达多多少少就是如此。这一瞬间，我们在我们内心发现了永不磨灭之事，转瞬之间，永不磨灭化为阴影，返回到他的时间，如同春天和秋天，仅在我们内心生气勃勃。所以，我至少不喜欢写。

　　你为了你的心也要给我忠告，亲爱的！你几乎必定预见到，我可不是做那种事的人。假如我足够聪明，不去警觉大自然强大的声音，那我就能给予你一次善意的老式布道，假如我愚蠢至极，要为那颗粗枝大叶的心说句话，那我可能早就给你一个大惊喜了。可是我，谢天谢地，都不是这两者。

　　我已经和你说过的话，我没什么可说的了；你发现，那个可爱之人是为你的，仅为你而生，那即是说，万物之中，此为至爱，与你个人紧密相连，然后当着机敏之面嘲笑，并敢以神圣自然之名为之，而在神圣自然面前，人之劳作，市民之境况，鲜有被认作为我们体面之准则及儿童面前之礼仪。

如果那仅仅是为抚慰你失落的心，如果那仅仅是生活的贫乏，让你感觉到命运让你给这个人赋予了如此高的价值，那么，那无非是一个饥渴的童子，被不期而遇的环境所纠缠，而非你内心深处真诚的、纯粹的倾吐，如果是那样，我就要为你感到悲伤，你的心灵未来的鲜花芬芳和硕果累累，你的青春永恒宁静的热情爽朗，可能正在别处期待你的居家的快乐，可能还有很多别的你正在冒险。

亲爱的老朋友，不要让你被这所迷惑！想想，这里没有别的人能说说什么，而我，归根到底也没说什么。

我过得尽可能地好。我生活无忧，赐福的众神也不过如此。

席勒没有接受我的《四轮马车》[1]，他这样做是不对的，他本来可以做得更好，假如他根本没用那个愚蠢的问题来困扰我；但是他连那首大自然的诗[2]也没接受，我不认为他这样做有什么道理。一首诗是否在席勒的《年鉴》上发表，对我们多多少少微不足道。我们该怎么做还是怎么做，你对你的不幸也尽量少放在心上，就像我一样。

高高兴兴的吧，亲爱的！把心放宽，因为快乐有多大，痛苦就有多大！——

1.《四轮马车》，见 1795 年 4 月 28 日荷尔德林致诺伊菲尔的信，注释 2。
2. 指荷尔德林的诗《致大自然》，见 1795 年 9 月 4 日荷尔德林致席勒的信，注释 1。

　　谢谢你告诉我勒布莱特的消息；假如她不好好地想念我，那她对我也没什么值得的。

　　　　　　　　　　　　你的

　　　　　　　　　　　　　荷尔德林

文字对于友谊，
就像阴沉的器皿盛放金色的葡萄酒

致诺伊菲尔　　　　　　　　　　　　（法兰克福，1796 年 6 月 10 日）

　　假如我有你在身边，亲爱的兄弟！我们就能又一次与我们的心共享快乐。文字对于友谊，就像阴沉的器皿盛放金色的葡萄酒。假如必要，某种东西微微颤抖着流过，把它与水区分，但是人宁愿看到它在水晶的酒杯。

　　我想要知道，你现在过得怎么样。我希望你过得跟我一样好。我现在一个新世界。我原来相信，我了解什么是美丽和美好，但是当我看到它，我要嘲笑我所有的知识。亲爱的朋友！在世界上有一个存在，与此，我的心灵能够并将会存留千年，然后又看到，面对大自然，我们相互之间所有的思考和理解多么像一个学生。爱和崇高，安宁和生活，以及精神和勇气和形象在这个存在中是天赐的一体。你可以相信我的话，这样的事情是极少能预感并且在这个世界上再也找不到的。你知道，我曾怎样，我曾怎样习惯于受苦，你知道，我曾怎样没有信仰地生活，我的心曾怎样贫瘠，并为此受尽苦难；假如我那时能像现在这样，快乐得像一只鹰，假如没有这样的一个向我显现，假如生活与它的春光，对于我，再也没有任何价值，不再年轻、强壮、开朗、美丽？这一时刻，我过去所有的忧愁都这么彻头彻尾可笑地显现出来，如此不可思议，就像孩童一样。

常常真的是不可能，在她[1]面前想到某些世俗的事情并且因此很少有可能谈论她。

也许我随时能成功地把她存在的一部分以一种快乐的顺序描绘出来，这样你就不再是一个陌生人了。但是，如果我要描述她，那必定要有一个小时绝对不受打扰。

我现在比过去更喜欢写诗[2]，这你能够想象。你很快还会看到我的一点什么。

对你告知我的，你应得到美好的奖赏。她阅读了你写的，对你的诉说高兴得哭了。

哦，快快乐乐吧，亲爱的兄弟！没有快乐，永恒的美不可能在我们心中成长。巨大的痛苦和巨大的快乐造就了最好的人。但是那种鞋匠的生活，日复一日坐在凳子上敲打，在睡梦中也在敲打，在时光之前把精神葬入坟墓。

我现在不能写了。我必须等到感觉稍稍快乐和年轻一点。生活幸福，尊贵的、久经考验的永远的朋友！假如我能挤压在你的心上！现在这对于你，我说的是真话！

你的

---

1. 因为战争，荷尔德林与龚塔尔特一家一起离开法兰克福躲避战火，在旅途中，与女主人苏赛特·龚塔尔特产生了暧昧关系。
2. 与苏赛特·龚塔尔特的交往深刻地影响了荷尔德林的抒情诗创作，以及对《许佩里翁》一书的改写。

荷尔德林

我今天还在去汉堡的途中，因为战争……生活幸福，我的兄弟！时间催促着我。我尽早再给你写信。

在小溪行舟，谈不上艺术

致诺伊菲尔 　　　　　　　　　　（法兰克福，1797 年 2 月 16 日）

　　自从我们不再写信以来，我已经绕过了一个快乐的世界。我本来可以在这段时间跟你讲讲我，假如我那时候保持安静并且回首往事。波涛载我前行；我的整个存在总是过于深入生活，要对它进行反思。

　　而且不仅如此！我还总是快乐，就像在最初时刻。这是与一个人[1]的永恒快乐的神圣的友谊，这个人在这个贫乏的精神和秩序缺失的世纪迷失了！我的美感现在安全地面对扰乱。它现在永恒地以玛多娜的头脑为准。我的心智进入了她身边的学校，我不协调的性情变得柔和，每天在她满足的宁静中变得开朗。我说你，亲爱的诺伊菲尔！我正在一条成为一个正直善良的小伙的路上。就曾经的我而言，我现在有一点点对自己更满意了。我写诗很少，几乎一点也不钻研哲学。但是我写的诗，更多是生活和形式；我的奇思异想更愿意从创世开始，我的心充满了乐趣；假如神圣的命运能给我带来幸福的生活，我希望将来比现在做得更多。

　　我左思右想，亲爱的兄弟！你将会渴望听到我不那么拖泥带

---

1. 与一个人（mit einem Wesen），与苏赛特·龚塔尔特。之前的信中对她的描述，成为小说《许佩里翁》最终版本中狄奥提玛的样板。

水地讲讲我的幸福，但我不能这样！我已经常常哭得够多，对我们的世界愤怒，在这个世界上，最好的竟不能在一张寄给朋友的纸上写上名字。我附上写她的一首诗[1]，那是我在上一个冬末创作的。

我在卡塞尔和威斯特法伦的浴场度过了夏天，就是那个古老的赫尔曼战役的旧址，大部分是和海因策交往，你可以把他认作《阿尔丁海洛》的作者。他是一个漂亮的老头，我从未在这样一种儿童般天真的人身上找到这么多无边界的心灵的教育。

我的《许佩里翁》第一卷将在下个复活节出版。意外的情况让出版拖延了这么久。

我离开法兰克福的漫游和断断续续的旅行让我错过了给席勒的《年鉴》邮寄的时间。明年我也希望能在你的版面上出现，亲爱的！我从你那里发现的那首歌，加工得很好。多给我写写你的工作，你的爱好，你的心情！我们要更快捷地通信。黑格尔的到来对我是一大善举。我喜欢那种沉静思考的人，因为与他们在一起人能够很好地把握方向，假如人不能确切地知道，在何种情况下，人不能理解自身和世界。

我想给你写很多很多，最好的诺伊菲尔！但是我要用来写信的可怜的时光，总是这么少，我要告诉你，在我心里，什么在支配和生活！假如要把我们的默默无语的幸福用语言表达出来，那就总是死亡。我宁愿深深地进入快乐美丽的宁静，就像一个孩子，不去过分计较我有什么，我是什么，因为我所有的，如果没

---

1. 一首诗（ein Gedicht），《狄奥提玛》（早期的稿本）。

有了思想，就一无所有。我只想把她的画像给你看，它不需要任何语言！她像天使一样美丽。一张温柔的、神灵般天使般诱人的脸！啊！在她身边，我在观赏中会把我自己和所有的一切忘记一千年，在这张图片中，这个无所欲求的宁静的心灵是永不枯竭地丰富！高贵与温柔，活泼与端庄，欢快的嬉戏与崇高的悲伤，以及生命和精神，所有的一切都在她身上合为一个神性的整体。晚安，我的尊贵的！"被众神所爱者，要分享巨大的欢乐，也要分担巨大的痛苦。"[1] 在小溪行舟，谈不上艺术。但是如果我们的心和我们的命运被扔进海底，也升上天空，那就造就了驾驭者。

你的

荷尔德林

---

1. 引号中的句子可能引自《许佩里翁》的草稿，原文是"Wen die Götter lieben, dem wird große Freude, großes Leid zu Theil."

在这块广阔的休耕地上耕耘播种

致弟弟 　　　　　　　　　（法兰克福，1798 年 2 月 12 日）

　　　　　　　　　　　　　　1798 年 3 月 14 日寄出

最亲爱的弟弟：

　　如我所见，你已经向我证明了，你良好的品格总是能让你从工作中赢得真正的内心生活；另一方面，你的榜样增强了我的看法，我常常冒险于喜欢机械的工作；相比一种效果，它并不更加致命，而在客体和行事中，任性是更有可能的；它把人撕裂，并不比一种道德的努力更甚；它让我们缺少激情，这种激情主要来自于我们正处其中的某种不确定性，当一个不确定的对象不让我们趋向一个确定的方向。假如我仅仅知道，什么真的要做，那我就会以安静的心态去做；但是我对那个对象没有肯定和清晰的概念，因此，我也不知道，何种力量和何种力度是适宜的，我因此必出于恐惧做一点微小之事，也就是说，凭激情而为。亲爱的卡尔！人们常常欲求于在我们存在的表面忙忙碌碌，而并非总是把自己的整个灵魂，无论它是在爱中还是在工作中，袒露于被击碎的现实中。但是在青春时光的觉醒中，人对此不愿意相信自身，那种觉醒中一切力量都致力于行动和快乐，当然，我们快乐地奉献自己，我们为世界的幸福和身后的不确定的荣誉牺牲我们最初的安宁。但是我们一定不要过于匆忙，我们一定不要过早地将我们美好的生气勃勃的大自然，我们内心的家乡的幸福，错换成斗争和热忱和操劳，因为苹果落地，是因为它没有病，它首先从枝条上落下，是因为它已成熟。

亲爱的卡尔！我的言说就像一个遭遇海难的人。只要一个人只会兴致勃勃地建议，那就待在港湾里吧，等到最好的季节，再出海也不迟。我显然是过早地努力了，过早地向着某种伟大发力了，最好必须是，只要我活着，就忏悔；对于我，要获得某种成功，总是很难很难，因为我不让我的本性有片刻安宁和假装的无所用心。

我写下所有这些都是因为我自己，因为它们都充满我心里。你可用不着这样的布道。

你对莎士比亚理解得很透彻；这我相信。你应该对这种形式写点什么，亲爱的卡尔！我也想写。这绝不是一个无足轻重的愿望。你想要做，因为你想要对你的国家有所作为；所以我也想要这样，但是要做得更多，为的是以这样一个伟大的艺术作品的创作，让我渴望完美的灵魂得到充分的满足。

如果你真的想当一个作家，以德意志的品格进行工作，在这块广大的休耕地上耕耘并且播种，那我要建议你，宁可做一个雄辩的尝试，也不要做诗歌的。那样，你将会更快、更实在地达到目的。我常常惊奇，我们聪明的头脑并未更经常地尝试写作一个气势雄浑的演讲，例如，就学者和商人的自然观的缺乏，关于宗教的奴隶制度等的演讲。你在祖国离政治的和道德的对象很近，例如行会、城市权利、社团权利等。这些课题的重要性决非微不足道，你通过你当地的知识，为此呼吁，至少有一个开端。然而为这所有的一切，我都不要对你指手画脚。

我希望很快能见到你并和你交谈。假如我无论如何能够成行，我愿在三月去你们亲爱的那里。我需要安宁，我的兄弟！这我将在你的心中找到，并在与我们尊贵的家庭的来往中找到。最好的卡尔！我只需要安宁。不要以为我懒惰和贪睡。我这些年来饱受颠沛的本性，仅仅想要聚集起来，重新鲜活地去工作。

你知道我所有的痛苦的根源吗？我想要活在艺术中，那是我心之所系，为此我必须在那些常常让我心力交瘁的人中间周旋、工作。为什么是这样？因为艺术是他们的大师，而那些学生未得到哺育。但是这我只能对你说。不是吗？我是一个虚弱的英雄，我顽强地争取我需要的自由而未得。可是，亲爱的，你看看，我重又生活在战争中，那对于艺术是不利的。随它好自为之吧！假如有一些争取成为诗人的人已经衰亡了。我们没有生活在一个诗人的气候中，所以十株植物中极少有一株能繁荣兴旺。

我在我微小的工作中还没有成就，在此期间深深的痛苦也未能干扰我。你说，我不要去关注那些给我痛苦的东西，那么我要对你说，我本该无忧无虑，但它很快就会把我与生活在一起的人们的爱剥夺殆尽。——

在你们的政治世界情况究竟怎样呢？议会的文书我没能再找到。我把它借给什么人了，却想不起是谁了。原谅我，我的亲爱的！我会用一切办法让你不受连累。

根据你受的委托我应该寄给你的那些信[1]，必须在纽尔廷根妥善保管。我这里已经没有了。我凭良心知道，这是必然的结果，就

---

1. 荷尔德林的前女友爱丽泽·勒布莱特写给荷尔德林的信件，她显然是通过卡尔向荷尔德林索回那些信。

像它的开始一样。我在我人生最美好的时光消磨了这么多爱的日子，因为我不是唯一被追求的人，而不得不忍受无所谓和轻蔑。在那以后我得到了殷勤并且也给予殷勤，但是不难看到，我曾经忍受的、并非我应受的痛苦中更深的部分，已经烟消云散。我在蒂宾根居住的第三年，它已经结束了。其余的都是表面的，我已经做了足够的忏悔，在蒂宾根的最后两年，我生活在那种乏味的趣味中。我深受那种轻浮之痛，结果是，它悄然潜入了我的性格之中，我要摆脱它，只能通过不能言说的痛苦的经历。这是纯粹的真相，亲爱的卡尔！假如你必须谈论我，那么你要看，将会对你有何帮助。我会尽一切努力不让好的心受伤。

对你的事情，我希望能很快与你口头细谈。无论如何对我是极大的快乐，你这么早就把自己打造成一个彻底的商人。

希望莱茵河这边的人[1]能够成为更加活跃和更加真实的共和党人。特别是在美因茨[2]的那些军事独裁者，曾经威胁要扼杀那里一切自由的根源，现在很快也得到控制。

好了，生活幸福，我的亲爱的！一如既往的

你的

弗里茨

---

1. 莱茵河这边的人（Cisrhenaner），莱茵河作为法国和德国之间模糊的分界线的历史，可以追溯到古罗马时期。公元 3 世纪，日耳曼部落南迁并向西越过莱茵河进入高卢（大致相当今天的法国），罗马帝国派军队驱赶，规定日耳曼人不准向西越过莱茵河。恺撒的《高卢战记》说，日耳曼人住在"莱茵河的对岸"。
2. 美因茨（Mainz），1798 年 1 月 19 日的《法兰克福报》上刊登了法国政府代表鲁特勒（Rudler）的一则声明，要求在美因茨建立一个共和主义的管理机构。

跟你在一起我们还能学习

亨利·龚塔尔特致荷尔德林 　　　　　　　（1798 年 9 月 27 日）

亲爱的荷尔德：

我几乎受不了，你居然走了[1]。我今天在黑格尔先生那里，他说，你早已经有了这个想法，当我再次回来时，遇到了亨尼什先生，他是在你走的那一天到我们那里的，来找一本书；他找到了，我刚好在母亲那里，他问叶特[2]，你在哪里，叶特说，你可能已经走了，他正好也要去黑格尔先生那里，要向他询问你，他陪着我，并且问，你为什么要走，并说，这让他非常痛苦。父亲在餐桌边问，你在哪里，我说，你可能已经走了，并且你还向他致意。母亲很健康，还多次让人向你致以问候，你应当经常想着我们，她让人把我的床放在了有阳台的房间，还要把你教给我们的所有的一切，再与我们一起学习一遍。尽快地再到我们这里来吧，我的荷尔德；因为跟你在一起我们还能学习。在此我还给你寄上烟草，黑格尔先生给你寄来第六期《波瑟尔特年鉴》。

生活幸福，亲爱的荷尔德。

---

1. 荷尔德林何时离开龚塔尔特的家，确切的时间不得而知。（由于龚塔尔特先生的言辞）而"几乎每天都有的伤害"（荷尔德林于 10 月 10 日致母亲的信），他实在是无法忍受了。
2. 叶特（Jette），苏赛特。

　　　　我是

美因河畔法兰克福

　　　　　　　　　　　　　　　　你的

　　　　　　　　　　　　　　　　　亨利

这纯洁的爱，像烟一样升起，消散

苏赛特·龚塔尔特致荷尔德林 [1]　　　　　（法兰克福，1798 年 9 月或 10 月）

　　我必须给你写信，亲爱的！我的心对你已经不能忍受沉默，只有让我在你面前一下子说出我的感情，假如你觉得那样更好，我才会更愿意，愿意保持安静。

　　自从你走了以后，我的周围和我的内心是多么荒凉和空虚，仿佛我的生命，所有的意义都失去了，只有在痛苦中我才感觉到它。——

　　我现在多么喜欢这种痛苦，当它离我而去，它重新在我内心变得昏昏沉沉，我以怎样的渴望重新寻找它，只有为我们的命运流下的泪水还能让我高兴。——夜晚九点，它们还在汩汩地流淌，为了将白天缩短，与孩子们安安静静地与我一起躺下，让一切都沉寂下来，没有人看见我。我如何经常、经常地思考，这个爱的人，这纯洁的爱，像烟一样升起，消散，不让它有一点点残留的踪迹？——我心里萌发过一个愿望，它仍是用文字书写的，为你

---

1. 荷尔德林因为与女主人苏赛特·龚塔尔特（Susette Gontard）的恋情，不得不于 1798 年 9 月放弃家庭教师的职位，离开龚塔尔特的家，于是，书信成为这一对恋人保持联系的方式之一，这是苏赛特给荷尔德林的、保存下来的第一封信。这样的信保存下来的共有十七封，见于荷尔德林的同母异父的弟弟卡尔·高克的遗物，由其后代阿诺尔德博士（Dr.Arnold）保存在位于海德堡的家中。

立一座纪念碑，时间不会磨灭它，而为它添彩。我多么想要用鲜亮的色彩涂抹它，直至它最小的阴影，探究它，这心灵的高贵的爱，我却只能找到孤独和沉寂！于是，只有把不断的搅扰撕得粉碎，让我只能一小片一小片地抚摸它们，不停地寻找它们，可它们全在我心中！——

在空旷、自由的田野里，只有它才是我最好的，我不停地渴望走出去，在那里我看见可爱的菲尔特贝格，那个恶魔，它像一堵墙温柔地把你阻挡[1]，是你不能继续向着我逃亡！——可是，当我再一次回到家里，它已不再是过去了，过去她对我多么美好，再一次来到你的身边，现在，我就像走进一个巨大的箱子，让自己被锁在里面，而过去，我的孩子们从你那里向我走来，这多么深深地加重了我悲伤的存在，当一个温柔的羞红，一种更深的严肃，眼睛里的一颗泪珠，仍然透露出你的影响，现在它们对于我已不再有那样的意义，我必须经常把我的感觉为它们摆正。——

在你远去的最初八天里我已经写了这么多，而我的心与我的理智在进行搏斗，我是否真的要把这些文字寄给你，还是不寄。我的心在这种情况下获胜，你的所有其他关系，对于我，都将被切断，为寻找机会你至少要给予一个解释，因为，那个想法就像我们，如此之近，更何况对生活，在经历如此的亲密之后，要知道，我不能想象，相互之间实在无可聆听，以温柔之心让禁欲具有韵律，那对我也许是不可能的，我几乎要相信，你必定是在期待我，而假如我沉默，你可能有理由对我进行谴责。你是不会首

---

1. 离开龚塔尔特的家，荷尔德林在朋友辛克莱的帮助下，寄居在霍姆堡（Homburg），那里离法兰克福与菲尔特贝格（Feldberg）之间的中心很近，因此，这对情人仍有机会见面。

先写信的，这点我觉得很好，因为我一直是反对的。这个想法让我深信，我一点也不生气，我给你写，我向你哭诉，这种哭诉并不同时证明我的感情，当然，你也不会听的。现在，亨利收到了你的信，这让我振作起来，在我眼前的，一直只有你新的自由，和独立，你的居家生活，你的安静的房间，还有你的窗外的绿树，你的信，但是这些可爱的安慰，我保持了不足一刻钟，此间，我十分谨慎地要求 H.[1] 回来，为的是让他出示那封信，这样我没有再次得到它。我不知道 H. 在这个机会做什么，一切都是禁止的，但是我发现他回来时样子大变，他羞于提到你的名字。那是你来到 F.[2]，我从远处看到你不止一次，那对我是很难的！我曾一直在周六计算着，但是我必须对你有一种预感，当你从窗子外面经过，大约在夜里八点半，我就打开窗子并且想，当我在那盏大灯的照耀下瞥你一眼。在那以后一段时间，当我想把亨利送到 H..[3] 那里去，他回答说，那是他不能再允许的，我非常认真地对他说，他有一颗不知感恩的心，假如他对这个禁止不做出任何拒绝，假如他觉得并非十分痛苦，但是我的话没有什么作用，他说他必须顺从。

现在，因为所有的通信渠道对我们都已经断绝，我为此非常气愤，我寄希望于那个你从客栈给我们送来的人。

假如你认为那好，你可以问我，辛克莱也会到这儿来，假如他到你那里，也可以请他，你不要背着他让自己出现在错误的灯光下来访问我，如果你已经得到《许佩里翁》，可以通过他给我，

---

1. H.，亨利·龚塔尔特。
2. F.，法兰克福（Frankfurt）。
3. H..，黑格尔（Hegel），黑格尔经荷尔德林介绍，此时也在法兰克福任家庭教师。

要我用一点零钱来购买它是不可能的。那样的话，我可以再次得到你的消息，那将让我多么快乐！假如你过得好！——

在我看来，人们遇到我，还像从前一样，非常礼貌地要给予我新的礼物，每天都有殷勤和快乐的聚会，但是我必须一个人，从那些不珍惜我的心之心的人那里，收下最小的殷勤，只要这颗心还继续敏感，它们对于我如同毒药一般，因为谁还能在失去了朋友之后过上所谓的好日子，还能自称有自我感觉和温柔，出于这个感觉我宁愿像过去一样简简单单地生活，把自己限制于仅剩的需求，这种自豪，这种感觉，对于我宁可是大地的全部赐予。上帝！我的亲爱的！护佑我在其中。我几乎一直一个人与孩子们在一起，尽我的可能有所用处。

我常常后悔，在分别的时候给了你建议，要在那个位置上与你远离，我至今也不理解，出于何种感觉我不得不那样急促地请求你，但是我相信那是恐惧，在我们爱的全部感觉面前，在我的内心，这个强大的裂缝，它们变得如此响亮，我感觉到的强大让我立刻就变得迁就，正如我后来想到的一些事情，我们还能够设想出未来吗？假如我们的分离不曾带有这种敌意的色彩，没有人能够阻止你进入我们的家，可是现在，哦！你告诉我一个好办法，如何进行，让我们重新见面？一直要离得这么远吗？——把它彻底放弃，我决不能！它永远是我最美好的希望！——深思熟虑吧。

我不能经常给你写，这种机会我相信仅有一次，你将会通过S.[1]收到几行字。我也相信，未来这样的喜剧是不可能经常的，人

---

1. S.，辛克莱（Sinclair），荷尔德林的朋友，居住在霍姆堡。

们很快就会注意到，因为人们不习惯于我在糟糕的剧情中出现，而我们不想要观众，如果我知道你要在糟糕的天气走在路上，我就太内疚了。如果你认为这样好，那我们就建立一个定期会面，你在每个月的第一个星期四来，假如天气不好，那么就到下一个美好的喜剧天，我为此做好准备。

此时我必须给你很多的词语，我愿意跟你说很多很多，那个权利我却不能表达出来，它深深地埋在我心里，只有痛苦的泪水才能够说，然后是再次沉默。你看到了，我找不到那些词语！——我的变化如此之大，命运强烈的打击已经把我完完全全打回到我自身，一种深深的神圣的严肃控制了我的整个存在，我只有经常地如此沉闷，我没有了思考，于是我想要阅读，我的思想停止了，不想再继续，我只能做必须的事情，变得奇怪地耐心。我的健康特别地好，只是缺少勇气和活动，我有一点点的瘫痪，只想要持久地这样坐着，只有梦是我想要！可是我的奇思异想常常对我无益，哦！只有当我知道，我不会缺少你的消息，它肯定才会好，而我总有一种观念，在我面前有充满希望的一天，因为希望让我们在生活中茕茕孑立。——那会继续下去，那我无力改变。——

我星期三写到这里。

星期五，上午十点半。

自从我昨天见到你，我心里除了一个愿望要对你说，你应当勇敢面对它，不要把你束缚于某个承诺，那么今天下午三点一刻来，大大方方地走后门，它是一直开着的，从这里出去脚步要轻，像过去一样迅速走过楼梯，楼梯上对着我房间的门已经为你打开，孩子们在那个时间在后面的蓝色房间学习，假如你沿着墙边走，他们不会看见你，威廉明妮在 M.[1] 那里在客厅，这样我们能有一个小时安静地说话，假如你觉得有什么不妥，或者别的什么原因，我承诺让它是高尚的，那肯定也改变不了我，它仍然是那套旧的办法，你可以一直这样做，也总是能找到我。

　　假如有别的人看见你，就什么也别做，人们在同一个屋顶下生活了三年，在一起度过一个半小时，不会引人注目，相反地倒是更多。

---

1. 威廉明妮，威廉明妮·朔特（Wilhelmine Schott）是龚塔尔特家的女管家；M.，阿玛丽·龚塔尔特（Amalie Gontard），苏赛特的小女儿。

满怀信心，为真理和胜利奉献自身

苏赛特·龚塔尔特致荷尔德林　　　　　（法兰克福，1798 年或 1799 年）[1]

　　晚上

　　我的信让你伤心了，亲爱的！而你的信让我有无法用语言表达的高兴，它让我这么幸福，它表达了这么多的爱！哦！我怎样在读着它，爱怎样用全部的温暖回报我的心，我的心情与你的多么温暖地贴在一起。而你！你可能对我的爱有怀疑！难道我的冷漠枯燥的信让你担忧，你有多么错？用这些想法你能看到我的痛苦，我的泪水。你千万不要那样想，让你受折磨的不是那个，你可能是担心我的心死了，我再也不会爱你了。我无法想象，我的词语对你产生了什么影响，但是我看到你的眼泪在流淌，它们燃烧着流过我的心，我不能阻止它们！——整个晚上我默默地坐着伤心，只有在这一刻我紧锁的心才能轻松一点，因为我孤单单一个人。哦，我能向你冲去，给予你安慰，在你面前，我的灵魂没有任何秘密！因为我的爱过于丰满，会让我的心死去，当我这样沉默和干枯地坐着，就不要再这样怀疑我，否则它会烧灼我内心的深处，我必须像你一样避免激情的伤害，悲伤损害的仅是一点

---

1. 这封信以及下一封信的确切写作日期不明。

点，然而甜蜜的治愈的忧伤总是适时从天而降，把它的祝福注入心中，我绝不会对大自然感到绝望，即使我已在内心感觉到死亡，我也会说，它再次唤醒我，它又一次给予我全部的感觉，我保持它的忠诚，那是我的，它只对我施与命运的压力，但是，它胜利了，它从死亡之中为我准备了新的更加美丽的生命，爱的萌芽把它深深地、不可灭绝地植入我的存在，我从经验说出这些，我知道我的心一如既往地永远生气勃勃从所有的压力中昂扬直冲云霄。哦，我不知道，尊贵的，我的语调是否正确，我肯定无所向你告知，但有很多很多要对你说，但是压迫着我的只是我不能在你身边。假如我不能给你一个确定，但是我担心我的激情的话语不能让你确信，哦，就让它这样吧！再一次在你的爱中幸福着吧！今天晚上这个想法仍然让我高兴，我仍然会见到你，上帝！当你带着这样的心情离去，看！我本来能够感恩地请爱之神把我隐身地引导！我这样观注着入睡并期望祝福你。——

早晨

我睡得很好，我的最好的，我必须再次对你说，你的信让我多么快乐，并且为你给予我的所有宁静的祝福感谢你，哦，如果我的信让你郁闷，你不要再读它了，你保存着前一封你如此喜欢的信吧，我昨天必定是过于激情澎湃了，——至高的爱的激情归根到底是绝不让人满意的！——与我一起感觉吧，这种索求是愚蠢的。——结伴死去！——然而它听起来仍然如同狂热的幻想，却是如此真实。——是满足。——但是我们对这个世界有神圣的责任。我们留下的仅有对互相之间心灵的信仰，对爱的全能的存在的信仰，它不可见地永恒地引导我们，并且越来越紧密地联结我们。——

默默的忠诚！对心灵对真理和最好之胜利的信任。我们为之奉献自身。我们会毁灭吗？——到那时候，是的，那时候，所有的一切必定都失去平衡，世界转变为混沌，假如它得到的不是维系着我们的和谐与爱的同样的、在世界上永恒生存的精神，它为什么？它如何？离开我们，我们应当把自己与世界相比较吗？但是它在我们心中可能是完全不同的。如在伟大和在渺小之中一样。难道我们不应当信任？我们！不应当信任，生机蓬勃的大自然每天都给予我们的那些美好事物的证明吗？它们示意我们的只有爱，当一切都召唤我们美丽的宁静时，我们难道要诉诸斗争和心中的不和吗？——哦，肯定不是这些，我的最好的！我们不会不快乐，因为灵魂活在我们内心。我知道，痛苦只会让我们变得更好，并且更加真诚地结合在一起。

因此，你让我难过的，不要再让你伤心，要看到一切都会过去，假如你变得平静，我感觉坚强。我还必须对你说，我对你的信任跟你对我的一样，是没有边界的，我已经平静下来，我不问自己为什么你前一个星期没有来，你昨天没有说你还想到这儿来，假如我在信里同样给你建议，你今天早晨还要到这儿来一次。我向你保证，我绝对没有误导你，你的心让我这么快乐，我想，这只能是真正的爱并且不再问，有这样的信任，人们无须说明。哦，我的最好的！亲爱的！重新安静下来重新快乐起来，给我带来那唯一的祝福的、让你满足的感觉。也在此给予我安宁，然后我肯定会有快乐。——

拿出勇气，我已经准备好一切

苏赛特·龚塔尔特致荷尔德林　　　　　（法兰克福，1798 年或 1799 年）

　　明天十点以后我等你。为安静的一个小时，请跟我一起祈祷我们的爱之神。——

　　假如不可能，你知道那个标记，那么就三点以后。我渴望地等待那个时刻！——柔和地入睡，不要让我的形象在你面前摇摆。拿出勇气，我已经准备好一切，所有的一切都会顺利。明天你还会得到我的一封长信，你也一定给我带来某种爱的东西，我已经多么高兴了——

只要你活着，我绝不会毁灭

苏赛特·龚塔尔特致荷尔德林　　　　　　　（法兰克福，1799 年 1 月）

　　我们明天将不见面，最尊贵的心！我们必须有耐心，等待更好的时间。我们在屋子里曾经有过让人长时间心惊的不速之客。让我痛苦的是我不能在口头上对你说我有多么爱你，这是无法描述的。你也要始终如一地、真诚地、真实地并且热烈地爱我，不让那无情的命运从我这里夺走任何东西！——

　　天空所有的不测风云又一次降临我！我们上一次见面后的那个傍晚，我们的车撞到了一起，我的手臂受了伤，让我长时间待在屋子里，第二天早晨我听说我的弟弟在打猎时腿部被击中。这两次，你的来信都到了别人的手上，但是它们本来应该立刻转交给我，这倒没产生什么后果，但是我必须把平常的见面拖延八天，让我痛苦的状态有所减轻。

　　亲爱的！千万不要以为我们爱的命运会让我愤怒或者完全消沉压抑，我常常哭泣，流下痛苦的，痛苦的泪水，但是，就是这种泪水让我振作，只要你活着，我绝不会毁灭。我不再觉得，爱会从我心中消失，假如我的生活中没有了爱，我会沉入黑夜和死亡。只要你仍然爱着我，我不会衰败没落。你带着我向上，带我驶向美好的道路！对我有信心，牢牢地建筑在我的心上。于是最好的最高贵的心活着，像我一样思考，我们最亲爱的、最真诚的生命体同样永不改变，并且互相属于对方。

下个月你将再一次勇敢地来，你那时候也许可以通过H..[1]知道我是否又孤身一人。

苏赛特1799年1月致荷尔德林的信

---

1. H..，黑格尔。

你可爱的《许佩里翁》，让我的精神充满活力

苏赛特·龚塔尔特致荷尔德林 　　　　　　　　（法兰克福，1799 年 2 月末）

　　多么喜欢，亲爱的！我要对你真实地讲述，我怎么度过了我们分开之后伤心的日子，假如这个时间的重逢让我不那么撕心裂肺地痛苦。我又一次独自一人已经有几天了，经过那些最糟糕的日子，现在稍稍好一点了，那些天我连孤独一刻钟都不能保证，即使我孤独的时候，我必须牢牢地克制我的感情，不让我满眼的泪水和令人烦恼的问题涌出来。但是那最初孤独的时间对我是非常可怕的，现在我要把我的感觉一股脑儿倾吐出来，我也许不应该这样做，因为我对你的渴望是如此巨大，我知道我无可奈何，在我内心发生了激烈的斗争。我试图用一切力量消解你在梦中出现的形象，它在我的幻觉中以鲜明生动的色彩召唤，啊！我觉得，它不愿意听从我，愿望和失望同样，我深深地想着你的来信，你的书，你的头发，但是我想要的不是帮助，我想要的完全是你从我自身重新出现，可是我的可笑的心立刻在理性面前涨得通红，并且找到借口，几天以来我一直在翻找你的亲爱的物件和来信，从很早的时候起，那时候我对于你还只是一点点，它们都不在我的记忆中，那是爱的词语的珍宝，那是一种安慰，我在其中找到了你的充满爱的画像，如同锁在我的眼睛里的温柔的亲爱

的泪水，它们怎样增强着我的心，在每一个痛苦的时刻现在怎样让我坚持下去。但是，啊！那是过去！——那么现在是什么？将来是什么？——现在我每天都在问自己："一个孤立的存在何以在其自身、通过其自身生存，何以激发对一个高贵和美丽的存在的爱？"我总想做梦，可是梦就是自我毁灭！自我毁灭，怯懦！——感觉！我的心在这个贫瘠、一切都在死亡的时间仍然感觉着生机勃勃和温暖，仍然渴望着实现，渴望着爱的回响，通报，齐奏，和谐一致！祝福！我该责备吗？然而我心中的每一个感觉都召唤起我全部的渴望，混合着一千个痛苦。即使从我自己最深的思考中，除了最亲密的爱的关系，我无所渴望的，因为，能够引导我们走出这种双重意义的生存和死亡的，只有我们更好的存在的声音，让我们信任同样的爱的灵魂，这个声音我们并不总是能从自身听到。牢牢结合，使我们在美丽和善良中，在信念和希望中排除一切杂念，坚强和坚定不移。但是这种爱的关系在包含我们的现实世界中并非仅仅通过精神。感官（而非性感）也属于它，这是一种我们完全与现实脱离的爱，我们只感到在精神上得不到营养和希望，最终会变成一场梦并在我们面前烟消云散，它可能还存在，但是我们再也感觉不到它，它对我们存在的有益作用也终止了。此时这一切清晰地显现在我眼前，它是如此沉重，难以从一片昏昏沉沉中找到，假如我自身仍在幻觉中并且在瞌睡中摇晃，——假如我正在做梦！假如我要把我的心藏起来！假如我想的是别的！——我为什么要问这些，亲爱的？——"我仍然还有你"，哎呀！自从我们分别以来的日子，有一种恐惧在我心中，有一天我们之间的所有关系都会终止，因为我对未来，对你的未来的使命毫无把握，我为革命[1]的时代颤抖，它会与我们近在咫尺，因为它可能会把我们永远地彻底分开。我如此经常地责备你和我自己，如此自豪地把所有的关系都做得对我们不可能，对仅仅依赖于我们自己不可能，我们现在只有祈祷命运，试图为了一条线而越过成千上万的障碍，让我们来到一起。假如我们各自消失了，我们会成为什么？——

　　我还是不能使自己安心，因为当我必须想到，我让你完全脱离了现实，你用我的影子让自己得到满足，因为我，你可能将自己的使命荒废，我再也不曾听你提起，我因此惴惴不安。假如到了我们将不得不成为自己命运的牺牲品的时候，那么允诺我，你离我而去并且生活得让自己完完全全快乐，用你的知识，你能够最好地为这个世界尽你的责任，留下我的一张画像不会成为一个障碍，只有这样的允诺才能让我的心得到平静和满足。——当我爱你之时，再无人会爱你，当你爱我之时，你再无所爱（请原谅我这种自私的愿望），但是，坚强你的心，不要对它使用暴力，我所不能得到的，我绝不会毁灭它。千万不要以为，最好的，我是在为自己说话，要是为我，那是截然不同的，我已经部分地完成了自己的使命，在这个世界上有足够多的事情要做，我从你身上已经得到了比期待的多得多，我的时代已然过去，可是你现在正要开始生活，处世，工作，不要让我成为你的障碍，不要在无望的爱中梦想你的生活。给予你全部高贵的力量、崇高的精神和深厚的感觉的大自然，确定是要让你成为一个高尚的、卓越的、幸福

---

1. 革命（Revolutionen），指第二次反法同盟战争。

的人，这要在你全部的行为中予以证实。可是，我们仍然怀抱着我们钟爱的爱情，它让我们为之耕耘，尽我们所能地呵护它。一个小时，充满重逢的祝福，满怀的希望，已经足以让她的生命延续到一个月。让我们不要紧紧闭上眼睛，我们对命运所能做的最急需和最好的事会让我们惊奇。在五月中旬，当战争的喧嚣还未止息，我弟弟来了（他已经完全康复了），在此期间，我还没有认识到，就我们之间的关系进行交谈是可能的，因为我一个人孤单的时候我还不能懂得，这可能让我陷入持久的紧张和焦虑中，当你设想出一种在我们之间书面交流的方式，既大胆也不必惧怕，你给予我的这个善举对于我的安宁并且知道你是在如何生活是如此必需。当我再一次孤孤单单时（因为我无论如何不允许做一次旅行，假如不是在一个短得我们不能相见的时间里），我们重又那样做直到现在。你谈到了一年半[1]，我颤抖着，当我想到，一半多时间早已经过去了，它如何会、如何能够再来？到底什么对你才是最好的？——假如你愿意把你的预感都告知我！在我的感觉面前是一片黑暗，并且是最最可怕的，在这个艰难的命运之下，我们温和柔弱的爱也被扼杀，假如它最终在我们心胸必然是一团昏暗迟钝，我们的生命遁入其中，但是仍有暗淡的意识留给我们。原谅我！我的最好的！我把你推到这种黑暗的想法之中，对于你，一切都应该是最甜美的，我想要把整个天空都给你，让一切打扰你的统统都远在天边；但是我觉得，我们的爱过于圣洁，我为此将你迷惑，对我心中的每一种感觉，我对你有愧，我知道我很容

---

1. 一年半（anderthalb Jahre），此时其实荷尔德林已经居住在霍姆堡。

易忧郁，也许会好起来，对于每一朵我们为彼此找到的花，我们
如何感谢命运。 假如我不给你写这样沉重的东西。我以这样的想
法拿起了鹅毛笔，为自己打开一个世界，它充满了思想，充满感
情，我想要把一切一股脑儿说出来，却理不清头绪，我害怕会写
得乱七八糟，于是，我的词语重又成为散文式的，混杂着我的奇
思异想，我说的可能不那么真实，最后我会把一切撕得粉碎。你
会比我自己理解得更好，并且也能感觉我还没有说出的。——

　　我还必须对你说说孩子们，你已经知道，自从你不再教他
们，不再为他们工作，在我的眼睛里他们是多么失落，对他们，
我不能对自己有更多的允诺。要在他们得到的所有歪曲的印象下
工作，对于我是很难的，我常常不得不随它去，为了自我安慰，
我寄希望于他们的成熟直至现在，他们未受干扰的理性，将会让
他们从他们可能误入的歧途中返回，我常常想，他们的道德教育
可能过于精细了，以至于他们不想从他们的世界中找到自己理想
的境界，他们的教育必须有一点点适应于我们的处境。最让我头
疼的是亨利，他突然一下子觉得自己自由了，特别喜欢跟绅士们
玩，并且常常抢着说话，兴致很高，迷恋感性的东西，而对他的
功课懒懒散散，心不在焉，必须有人不断地催促他，而所有的荣
誉似乎与他无关。我但愿他最好能离开这里，这块土地不适合于
他，因为他被从头到脚地伺候，太多的恭维，在柔声细语的表达
中他听不到多少真话。

　　那两个女孩子也变得有点粗野，但仍然是好孩子，我常常对
最小的寄予希望，因为在她以后的教育中我们会看到我们所犯的
错误，但是我再一次谴责自己把这种营养给予了我的偏爱。她真

的是一个可心可爱的孩子，十四天来她又一次奔跑，这让我无比开心。我们还接待了哈德曼先生，一个非常无聊的宗教的饶舌者，我一刻也不愿意耐着性子听他唠叨。才干，他们一定能获得，可是他们性格的培养，以及内在的专有的价值，却常常让我担心。我对他们的反作用常常不够有力，假如我要不断地为他们区分什么是最好的，甚至这对于我也几乎是做不到的。现在我还在想，我未来的时间怎么度过。这个冬天对此可能是好的，我没有太多的孤独，我常常有些日子，当内心完全失去了平静，只能在想念你的时候，让泪水从眼眶里倾泻而出，我必须克制自己，寻找同伴为的是能够控制自己，整个冬天我都沉溺于自我幻想，但是现在必须是另外一个样子，严肃的书籍我不能阅读，因为我的头几乎总是感觉疲惫。我将尝试我能否让音乐重新放在我的心上，春天我将在花园里做喜欢的事情（在那里我一定会自由地重新回归习惯），还有你的可爱的《许佩里翁》将重新让我的精神充满活力，我对此有多么快乐！——你曾经也对我允诺过一些治疗的良方！你要信守诺言啊！——你还请求我把我的一些想法和观念为你写成文字。亲爱的！我所有的表达都专属于你。我的思想、我的灵魂在你之中嬉戏，你给予一切你能够给予的，以如此美好的、我望尘莫及的形式，而我鼓掌欢呼的、人们一定要给予你的那种快乐，远远超过了我整个存在的爱的满足。

人类中最美和最好的，不应当被埋没

苏赛特·龚塔尔特致荷尔德林　　　　　　　（法兰克福，1799 年）

3月12日，星期二

你的亲爱的信，你的愿望，昨天给了我想法，用一种日记的类型给你写，假如我能够做到的话！假如我不得不偷偷摸摸地做，我是经不起一点点打扰的，我心里总有一种恐惧，阻止我找到正确的词语，所以我常常从自己的思路中断开，于是变得容易烦恼，是啊，我想要努力做到利用安静的每一分钟，而不必顾及各种联系。

昨天，就像你的离开一样，我内心是痛苦、快乐、对未来的恐惧的预感交织，我立刻拿起你的信，却只能读到文字，边读，我的心怦怦地强力撞击我，那种感觉我无法表达出来，必须把它放到一个心安静的时刻。于是我走到外面，为的是重新找回自己。午后的阳光照耀着，让我在房间里觉得这么亲切温暖，也让我柔和下来，它仿佛在告诉我要哺育我，我现在觉得有了耐心，逐字逐句地阅读你的信，我把孩子们都送到花园里，只与你待在一起。那是一个幸福的时刻！——我感激的心也不再为你的信引出的泪水而抱怨，我只听到心里在说，他活着！就在我附近！真诚地爱着我！今天是幸福的一天！——

假如从现在起，对未来的恐惧要干扰我，我将为此责备我自己，我对自己说，在纯真的信仰中的人们会把这个当作罪孽，失去信任竟至于此，对他们的上帝都不再依赖。究竟为什么对我们没有一个神秘的、一个我们未知的万能之力，善意地并且和蔼地引导我们的命运，为什么我们非要感到绝望？——难道至暗的思考是对的吗？——它难道不能像我们想的那样变得更好吗？——或者，我们有了通观一切的理智已足以预知我们的命运。——我们的幸运或者不幸只是一个小的偶然，绝非常有。——在世界上我们仍然屈从于偶然，它对于我们难道不能是幸运吗？我们必须自己发现，并为此常常真诚地快乐，难道我们不应当重新发现，并且能够重新快乐吗？——

下午

我不能再把我写下的偶然这个词从头脑里带出来，我不喜欢它，它这么小并且冷冰冰的，但是我找不到别的词。可能人们也不能说，为我们所建立的事物之间的神秘关联、我们称之为偶然的东西具有某种必然性。我们可能因为我们的短视，不能预先看到什么并且惊奇它的出现与我们想象的不同。但是永恒的自然法则总是走它自己的路，它们是我们无法探究的，因为出现在我们面前的，都是我们未曾预感的，并且远离我们的期望。

今天早晨我在一本小小的法语小说里看到一个美丽的地方，它触动了我的心，因此我把它写给你。"宗教肯定源自于不幸，假如温柔的心灵未在感激中发现它。"——

3月14日

那幅风景画¹我找到啦，亲爱的！从我们第一次分别后，我不想逃避它带来的所有痛苦，对于我，它是亲切和受欢迎的，在你离开两天后，我又去了你的房间，想要自己哭一场并且收集你留下的一些亲爱的东西，我收起了你的斜面写字台，发现还有一些纸片，一点封蜡，一粒小的白纽扣，还有一片硬的黑面包，我长久地拿着所有这些，仿佛它们是圣人的遗骨。梳妆台上的一个抽屉上着锁，我无法打开它。我返回的时候在门口遇到亨利，他伤心地说："从这个房间里你已经失去了太多！首先是你的母亲²，然后还有你的荷尔德林！你肯定再也不喜欢它了！"——这深深地震动了我，但是想到你的生活我立刻就感到宽慰，并给了我痛苦的心中某些甜蜜的感觉，于是我走了。——几天之后，我把那个抽屉打开了，在里面找到了那幅风景，啊！它让我充满了悲伤！我在我的天真烂漫中描画了一个墓地，那个时候，仿佛我把它送给你，并与你一起一页一页翻看铜版画，怎样的幸福，怎样的希望，呈现我心中，无穷无尽地呈现！可是现在，它应该从此烟消云散！——我不知道我是否还能把它再给你，昨天晚上，在宁静中，所有这些思想要把你紧紧攫住并且摇晃，像我一样！———

3月19日

我又和孩子们一起做了几次散步，散步总是让我坚强并且精神爽朗，我一下子看到群山在柔和的阳光照耀下，我亲爱的霍姆

---

1. 风景画（die Landschaft），苏赛特·龚塔尔特完成的一幅素描。
2. 你的母亲（deine Mutter），苏赛特的母亲苏珊娜·博尔肯斯泰因（Susanne Borkenstein）。

堡，我的眼睛怎样为这个宁静的地方，还有你居住的那个未知的小屋祝福，我的思想如何焦急地向着你而去，并且肯定会触动你，因为我知道，你在这么美好的春天的日子，在心中也一定有我，感觉我就在你身边，就像我感觉你一样！——可是，我的想法怎样惊吓了我，哎呀！我马上就必须与这个可爱的地方断离，我的眼睛将不再喜欢向这里遥望，我必须把它们转过去，于是一切都消失了！——想象你居住的那个地方，我不止一次！看，亲爱的！你知道你在哪里能一次次地重新找到我，你的感觉好得多，你认识我周边的所有细节，可是当我想念你的时候，你的形象在一团驱不散的云雾之中，对我仅有一瞬间的显现，假如你不能偶尔给我一幅你的周边事物和你与之打交道的人们的景象。只要你能做到，你就一直这样做。我对你无多所求，只是像过去一样，不管你在哪里，只要你找到一个朋友，与之你的心不必沉闷暗哑，在交往中你为你的精神找到了指引和营养，那么，我亲爱的！你就有了充足的力量，并且永远丰盛饱满，为你自己而保持，并且仅作为你自己的倚靠，你必须通报你的情况，并且说出你最好的存在，假如你有时候情绪不佳，那只是因为你没有被人理解，于是你看不清自己并且怀疑自己。在这种情况下，你很容易陷入危险，选择不适当的人，为此，我要提醒你！不要为此生我的气，它实实在在出于好心。

你也想要听到我说，我如何让自己整天忙忙碌碌，这种讲述是很容易的。我最近总是在自己安静的小屋里，在那里面工作，缝纫和编织，当孩子们不在隔壁房间上课的时候，就围着我吵闹，但是他们很快就不再干扰我的思想，我的思想常常在你那边，要么，总在与你的关系中，我常常给你写一封封的信！可是它在我的头脑里这样乱七八糟，人在纸上理不清头绪，它常常迫使我走向斜面书桌，但是我害怕，必须首先等待一个瞬间的强烈，我常常紧紧地锁住自己的存在，以至于我发不出一点声音，所以我不能像我希望的那样经常地写，因为它对于我真的是一种享受，写作中及其后，我更加安静，一整天我觉得一切都更加轻松。与人的交往，我是那么少，孤独常常成为我的一种负担，它这么沉重，以至于我宁愿进行最无聊的交谈，但那仅仅如同错觉，到最后我总是承认，重又孤独，没有压力，是我真心的快乐。阅读仍然不是正确的做法！认真的事后反思意味着一种宁静安然的心情，一种成熟的无忧无虑的存在！我现在更需要自己摇晃着打瞌睡，为此一本讲故事的小说比我们时代最美好的文字更适合于我（在通读中，我更喜欢被你称为小说的你的亲爱的《许佩里翁》，但我总认为它是一部美丽的诗。）

为了能把我带入反思，那些我很少给予关注的东西，那些我纯粹当作娱乐和消遣的东西，反倒对我更有益，所以我有时候就投入了拉方丹先生的小说，假如有什么地方我不喜欢，我是决不在意把它扔到角落里的。——好的、漂亮的书，如果不以合适的心情逐页阅读，或者不全神贯注地阅读，我认为是亵渎，那些书只适合于那些能够充分感觉并且理解的人。

我已经写了这么多了，我被打断了。我不能接着上面写了。

3月26日

节日[1]挺过来了！那是我一直喜欢的！因为在我身边更加安静，周日早晨，我又一次去了我们的教堂，布道像平常一样，没有束缚我的注意力，我只想着你，还梦见你的肖像，我思考着一个计划，将来我们离开这个城市去看你，我相信能够找到最好的方式，我要在我的书写的最后才把它告诉你。下午我们出去，到我们的花园里，参加一个小的十分无趣的聚会，天空多么明亮清澈，就像在我心里一样，当一种快乐在内心回响，或者一种根基深厚的希望激发我的活力，那么，这一次它就像在我的身外那样！——我每次外出，都要机械地看看屋子侧面的窗子，如果它是关着的，我心里就喜欢，那样它就没有欺骗我。在我们的聚会里有几个来自霍姆堡的，他们来参加博览会，于是他们的交谈引向了我的兄弟，他们说，因为他的健康，他会从这里前往皮尔蒙特，他会把他的妻子留在这儿。他的意思是不是我应该和他一起去？——在那种情况下，我就不能见到你，并会与你音讯隔绝，我将会回忆我们的过去，但是如果我走了，我们被命运隔开，连接我们的那根线被切断，我将不能安慰自己，每一步都让我后悔。旅行的想法常常让我狼狈不堪，但是我会尽一切努力不让我的亨利痛苦。正是出于这种考虑我才能离开这儿，但相比广阔的世界，只要你不和我在一起，这里是我永远热爱的地方。而那种痛苦对于我（空白[2]）愿意以此为代价长久地等待，假如那时候我偶尔能从某个人听到你是健康的。不要称我为多疑者，我肯定不

---

1. 节日（Festtage），1799 年 3 月 24 日的复活节。
2. 此处缺页。

是那样的。 为了将来我们重逢，不让任何音讯错过我们，我必须与你从我开始的地方计算日子，假如你一年有一次能来，你对于我将永远保持现在的样子，而不要让你的出现把我惊吓。——

31 日，星期日晚上九点

我完全孤单了，不能入睡，没有你最好的最爱的心说晚安，你现在能像我一样真诚地感觉你一样吗，像我们的爱的最神圣的时刻，在我的灵魂前摆动？我将会多么幸福！假如我能够知道那些！——温柔地，甜美地睡吧，我的形象在你面前轻轻摆动！——

4 月 2 日，晚上

我又一次完全安静了，孤单，我仍然这么愿意跟你说话，只是不知道从何处开始，我有这么多想要对你说，为此，语言变得如此沉重，人越是想要说，能说的却越少，因此我重新感觉并且思考，"安静，可是它安静不下来"。那么就聊天！——自从我们不再见面，我已经生活了三个星期了，待在家里，很安静，没有一个人做伴，我几乎一直静静地坐着，（你将会知道每一个小的对象）我最喜欢的是为我做一件衣服，那是我从我善良的兄弟那里得到的，完全根据你的审美，淡紫色和白色，我是在你最后一次在我这儿的那一天得到的，这也是我心爱的想念，我喜欢把它穿上。

我也教我的小马勒编织，看到她娇小的手指就有很多满足。

我数着所有的天数和所有的小时，一直到我们的相聚，怨恨寒冷如何降临，一点点阳光我也不会错过，我是否马上知道你会在坏天气来，我完全无法想象你冒雨而来或者受冻而必须向我隐瞒，假如相比你受的苦，我没有为你受更多的苦，亲爱的心，不要觉得我写得这么孩子气，我真的想要对你说些什么，却没有唤醒你的和我的心中所有的感觉，对此，我心中总有一个声音离得这么近，我常常喜欢它这样调情。现在它说的很多！刚刚威廉明妮给我送来了汤，我想着你一直到我的眼睛闭上睡觉。

4月4日

我现在要对你说，我如何在想，这个夏天我们能做到，自己来做我们的送信人，因为信任他们中的某个人实在是一个大胆的决定，我们两个都是不情愿这样做的。假如天气好，你就这个月的第一个星期四来，假如天气不好，那你就下一个星期四来，总是仅在星期四，这样我们就不担心天气，那样你就可以早晨离开霍姆堡[1]，当城里敲过十点，你出现在靠近杨树的矮树篱那里，我在上面我的窗口现身，我们就能互相看见，作为标记，把你的拐杖放在肩膀上，我就拿一块白毛巾，几分钟之后关上窗户，那是我下楼的标记，但是我不会也不敢，我来的时候你就去，在进入的起初，离那个小亭子不远，因为花园后面有墓地，人们不会到那里，为防被察觉，我藏在亭子里，你可以看看两边有没有人来，这样我们赢得很多时间通过树篱交换我们的信。假如第一天你没有成功，或者我们还有信件一定要回复，你可以第二天同一时

---

1. 提议中的信件交换应当是在苏赛特·龚塔尔特居住的阿德勒弗里奇宫进行。

间再大胆做一次。制定这样一个偷偷摸摸的计划，让我多么不舒服，我完全不需要对你说，你柔弱的心肯定为它怦怦地跳动，你将和我一起受苦，但是你不能抱怨我，因为我这样做，仅仅出于高贵的想法，人类中最美的和最好的，不应当被埋没。——假如天气好，我们5月2日已经在外出了，或者9号是肯定的（因为15号我的弟弟要来），如果你看见我没在窗口，那是一个发生不能预见的情况的信号，我们还滞留在城里，那你就在星期五的十点到那个已知的角落。

今天是你来的日子！我高兴的是天空晴朗，我将会有一个躁动的傍晚，因为我知道你将在这儿，而我还不能决定是否能决定要进入那个喜剧，因为你相信它把我们置身其中，并且你有权这样做。

天空的春光也给予我快乐

致苏赛特·龚塔尔特[1]　　　　　　　　　　（霍姆堡，1799 年 4 月）

　　我内心有不能言表的感激，亲爱的，天空的春光也给予了我快乐，

---

1. 此信的内容上方有一个诗的开头：重返青春 // 阳光唤醒我往日的欢乐，

我亲爱的心，永远信任我最温柔的感情

苏赛特·龚塔尔特致荷尔德林[1]　　　　　　（法兰克福，1799 年 4 月）

　　9 日，星期四早晨

　　我还有几句话必须对你说，我的最好的，昨天晚上我们出去了，我相信你已经在威登霍夫[2]朝着窗子看了。——我的眼睛渴望地紧盯着杨树大道[3]，——假如你来了！——我们从现在起要等待两个月，到 7 月你才能冒险到树篱边。这样我们才有可能看见，渴望着我们都还健康，假如我有任何一点可能也下楼来，假如我不能出现，那必定是，我们正好在做一个小的散步。——

　　我还必须对你说让你放心，如果你来城里，我还有一些想要口头对你说，那些都不重要，你上次甚至都没有注意到。现在多多保重，我亲爱的心，永远信任我最温柔的感情——

---

1. 这是为在阿德勒弗里奇宫写的一封信的补充，用铅笔飞快书写，原信已遗失。
2. 威登霍夫（Weidenhof），法兰克福的一家客栈，荷尔德林去法兰克福，在那里过夜。
3. 杨树大道（Pappeln Allee），这条大道在阿德勒弗里奇宫旁边。

在此时和那时，总有很多美好

致苏赛特·龚塔尔特[1] （霍姆堡，1799 年 6 月底）

　　每天，我都必须重新呼唤已经消失的神性。每当我想到那些伟大人物，在伟大的时代，他们如何像一粒神圣之火，把世界的一切死亡之物，木头和枯草抓牢在四周，化为火焰，与他们一起升上天宇，然后我想到自己，我如何像一盏小灯四处游荡，乞求一滴灯油，好在漫长的黑夜多照亮一会儿——看！此时一种奇妙的颤抖传遍我的全身，我轻声对自己呼出那个恐怖的词语：活着的死者！

　　你知道，为什么人们互相恐惧，担心一个人的天分会吞噬另一个人的，所以他们才鲸吞豪饮，却没有任何东西营养心灵，因此，当他们所说和所做之事，以另一种精神的形式理解的时候，他们就无法忍受，于是就化为火焰。笨蛋！似乎人们互相所能说的仅仅比生活的木柴多一点，当它们被精神之火包围，只能化为火焰，仿佛它们来自生活和火焰。而假如他们仅以食物互相赐予，互相照亮，而不互相吞噬。

　　你还记得我们不受干扰的时光吗，那时候只有我们相互在一

1.此信可能写于 6 月末或 8 月下半月，系未完成的草稿。荷尔德林亲手交给苏赛特·龚塔尔特的信可能全部遗失了，本书所收录的三个片段，显然并非誉清稿。

起。那是胜利！两个人多么自由和骄傲和清醒和灵魂和心和眼睛和颜面都如鲜花盛开和光彩照人，两个人在仿佛天空的宁静中紧紧倚靠在一起！我那时候就已经预感并且说：人可以漫游世界，而要重新找到它却是很难的。我每天都觉得它越来越严峻。

　　昨天下午穆尔贝克光临寒舍。"法国人已经又一次被意大利人击败[1]。"他说。"只要对我们是好的，"我对他说，"那对世界也是好的。"他搂住了我的脖子，我们的双唇亲吻，湿润的双眼对视，内心深深感动、喜悦。然后他走了。这样的时刻我仍有，但这能代替一个世界吗？但是正因为此，让我的忠诚得以永恒。在此时和那时，总有很多美好。但是在像你一样的天性之中，一切都结合成亲密的、坚不可摧的生命同盟，这是时代的珠玑，谁都已经认识了它们，正如他们天生的幸福同时也是他们深深的不幸，他们永恒的幸福也即他们永远的不幸。

---

1. 法国军队在意大利遭受了三次大的失败，由此引发法国的雾月十八日政变（1799 年 9 月 9 日）。

让同情而不是仇恨和厌倦，常驻你心

苏赛特·龚塔尔特致荷尔德林[1]　　　　（法兰克福，1799 年 7 月 1 日—6 日）

　　可能会让我很高兴，而我不让自己去注意这个计划的实施会对我有多少影响，因为那还不是很确定的。八月的第二个星期四[2]你极有可能再次在这儿找到我。此后我弟弟想要和我们一起去做一个沿莱茵河的旅行，一直到科布伦茨，从那里我们将陪伴他妻子去恩布森，他们要在那里洗浴，他建议我做一个皮尔芒特水疗[3]，这整个的旅程持续时间也肯定不会超过四个星期，为此我将设法给你提供一个小小的日记本，想想那些美丽的材料！你将如何与我分享这些，以这种方式对我将是多么亲切，它会让我常常避开那些讨厌的同伴，并且与我那些善良的姐妹一起生活。此去路途的遥远真的让我感到痛苦，因为我想到，那是我们团聚的固定时间。

　　我这么愿意再跟你谈谈你将来的命运，你为此要求过我，可是对于我，每一次回顾要我对你提出建议有多么难，我并不总是担心地为你选择，一个忠诚、老练的朋友在这里能做得更多。我

---

1. 此信为不完整的手迹，写于阿德勒弗里奇宫。
2. 第二个星期四（Den 2ten Donnerstag），1799 年 8 月 8 日。
3. 皮尔芒特水疗（Bad Pyrmont），德国下萨克森州的一座温泉小城。

知道你不能迈出那一步，因为我的灵魂不赞成，假如我的被宠坏的心，被你的亲密宠坏的心，也想要抵抗，我的更好的信念必定会胜利，而你会踏上任何一条职业的轨道，荣耀环绕，对你有用，我所有的泪水一定会变成喜悦的泪水，但是我必须听到你，我的期望决不能被欺骗，为未来，咨询你真诚的朋友和老练的人，万一没有一条可靠的道路为你打开，那么，宁可保持现状，帮助你自己通过，而不是再一次被命运惊吓和打回，你无力抵御，你为现世和后代而离去，你在哪里也是如此，默默无闻地生活，完完全全地失落。不，你绝不应当那样！你绝不能让自己处于险境，你高贵的本性，这一面反映所有最美好事物的、在你内心的镜子决不能被打碎，你对这个世界的责任是要把一切对你显现的变换成一个更高的形态，尤其要考虑你自己的生计。少有人像你一样！——而现在不起作用的，却可以保证将来的安全。假如你将来不可能再有年幼的孩子来上你的课，原谅我有这样你不喜欢的想法。但是我知道，你曾经想过举办此类讲座，你肯定会觉得不是很困难。千万不要在错误的观念上费心思，你对我应当光明正大，你遮遮掩掩地做的和努力的都是我不喜欢的。你要正确对待我对你的爱慕，你的爱对我已足够，并让我永远满足，而对那些所谓的荣耀我不追求，我在你所有的有关高贵品格的描述中看到大人物觊觎你的荣耀，我不需要我们的世界对此所做的让人痛苦的证明，即使今天我还在读《塔索》[1]，从中看到了不会认错的你的轨迹。还要再读一遍。

1.《塔索》（*Tasso*），歌德的剧本《托卡托·塔索》。

7月3日

还有独立的几分钟我要献给你，我的室友外出去了邻居家，今晚 S.[1] 出来要到我们这儿，老天爷只允诺，星期四上午它不会妨碍我。这个想法我不能对你说，它常常让我的整个头脑发热。我信任爱之神，因为就像我们期待的，自从我们分开以来，并非事事顺利。在将来也会好的。我还要请求你，取消八月的第一个星期四，因为那时候我们的旅行可能还没有结束，这样你最好在下一个星期四再来，如果我们回来早，因为水疗的时间，我们可能还要出去。我不应当把它推迟，我弟弟昨天写信说，我们在 12 号可能已经出发。

星期四上午

我多么愿意再有一小会儿安静的时间跟你交谈，可是一想到"有人来"，干扰了我心里的一切，这也是我为什么很长时间没有像我希望的那样给你写长信，对你亲爱的来信，我有多少要对你说啊。高兴起来，最好的心，相信那些人，他们总有些什么做得比你多，他们有时候比我们认为的要好，因为我们总是用我们互相认识的最高的和最好的对照他们，他们必定也非常失落。对他们，让同情而不是仇恨和厌倦，常驻你心。原谅我又拨动了这根弦，它对于我，似乎总是我已经把它彻底忘掉，我必须再对你说。生活幸福！生活幸福！——

旅行完全确定，12 号我们能出发。

---

1. S.，索莫林。

仿佛你把什么放在了我的心上

苏赛特·龚塔尔特致荷尔德林[1]　　　（法兰克福，1799 年 8 月—9 月）

大约 8 日

要打破寂静沉默，又一次变得多么难啊！——但是对于我，总是只能通过书写找到安静和满足，就像我整天来来去去，找不到安静的时刻，对于我是多么痛苦，我只能向天为我现在的状况乞求一个愿望，假如它能够实现，只要每天仅有一个小时是完全属于我的，那我就能把整个的心奉献给你，我的尊贵的。你不会相信，当感觉的全部沉重如此紧锁，有多么压抑，甚至都不能把它们托付于鹅毛笔。所以我现在如此迷离错乱给你说了这些。自从上次见到你以来，我必须跟你说话！那天早晨，我犹豫不决，我是否要下楼去见你，带着信还是不带，我是否应当宁愿让你留在蒙蔽中，似乎我们还不曾回来。这样让你再等下一个星期四。我疲惫不堪，精疲力竭，担心这会让你产生错觉，另一方面我又担心你想要打听我们的返回，它可能会让你错误地以为我仍滞留在外。不！我如何向你描述那个晚上我陷入了怎样的心情。我相信你的形象在目光中出现，要在林荫道上看见。你真的是在那里

---

1. 此信系手写，写于阿德勒弗里奇宫。

吗？——或者没有？——我不是一个人，S.... 跟我在一起。它像闪电击中我，让我温暖，让我冰冷，很快别的人都感觉到了，我愿意一个人孤单，他们就走了，于是我似乎觉得你真的来过，并且一种恐惧驱使你向着我来，你必定向着我来，我走到窗前，站在那里，目不转睛地看着，它又一次蒙蔽了我，很快我看见了你的脸走过灌木丛，一会儿你倚靠在一棵树上，从那里往前张望，我认出那是幻觉的表演，劝说自己，它从前就是这样。痛苦现在用它冰冷的手击中了我的心，我简直要吓死了，我的思想凝固了，仿佛我想要拥抱你，那个影子就是你，这个可爱的影子能够给予我安慰，如同我的感觉所要求的，它也在我面前消失，假如那可以思考，那么，只留下一个无。

我必须把自己从这个无声的痛苦中撕扯出来，现在，从我的躯体深处，一个呻吟，一个呜咽，一个泪水的流淌，长久长久地涌出，我无法止住。从那以来，我那么奇特地意气消沉，仿佛你把什么放在了我的心上，我思考的除此没有别的。对我旅行的记忆就像蒙上了一层幽暗的面纱，有关这些，我必须努力给你写。哦！上帝！不要再向我显现这些！哦！绝不要怀疑我的爱！————与你！爱将永远与你在一起！

10 日

在这个无以描述的沉闷的心情中，我惊奇连连，经过长时间的舒适的解脱以及兄弟姐妹的远离之后，我责怪它源于我突然的孤单，这个心情说得再明白不过了，也出卖了另一个心思，当我的沮丧延续之时，经过几天之后，一种更清晰的解释到来，人相信自己坚定地增强了一种想法，它在某些条件下延续并有它特殊的起因。我努力保持对真相的如此忠诚，但是我也知道，你第一次到访这屋子里[1]已经不再是秘密，我承认有这件事并说过，你不会再来这儿的屋子[2]了。而我肯定不会做任何可能会伤害我和大家的事情。一切都静悄悄地过去了，没有留下任何坏的影响。但是现在我向你承认，未来让我恐惧。我找不到出路，没有你，我什么也做不了。当我再次回到城里，我们能够互相不通音讯地生活吗？——假如我做出牺牲，我要任何时候在你身边保持沉默吗？上千的幻影难道不会像其他种种的骚动一样折磨我吗？即使我什么也不做，同样的嫌疑也会加在我身上，为此，我只能忍受而无所补偿。

我在思考中迷离错乱，为此我对自己说你在想什么，不要把决定的重负让我一个人承担，你认为什么是好的，那也是我的意愿，如果你也相信，在现实中我们之间彻底地脱离是好的，那我也不想误解你，不可见的关系仍在而生命短促。我很冷！因为生命短促，所以要葬送！——哦，你说！我们在何处重逢？——尊贵的！可爱的心灵！——何处有我的安宁？让我坚强，承认我的责任并且忘记自我，责任仍然如此沉重，它引领我走出，可是我还不认识它。自我保护，如果没有这个，我就什么也不能忘记，也不能忘记自我，本身与此相矛盾，因为对我的爱我所能做的一切现在似乎要埋葬我，毁灭我。爱是一种多么困难的艺术！谁能够理解它？谁并非一定要追随它？——聚集起你所有的理性，与

1.这屋子里（im Hause），此处指"白鹿"（Weißen Hirsch），龚塔尔特在法兰克福市内的宅邸。
2.这儿的屋子（hier im Hause），阿德勒弗里奇宫。

我一起说说信念，因为我觉得这是必要的，除了你作为我唯一的朋友，我还能问谁。——

15日晚8点

我孤独！——现在我想要谈谈这次旅行。可是在我看来更需要的总是逼迫我，我想要让我受到重压的心在夜晚美好的宁静中透透气。——可是我有多么沉闷！我总是想哭，我渴望你的亲密心灵的回答！一切都这么可爱！这么和谐，可是对于我，在没有你的此在的标记之地，没有你的亲爱的信现正对我的心侃侃而谈，却是这么死气沉沉。哦！曾经感受过的幸福的、可亲的天之爱！何样的空落让心灵的分裂返回，深不见底，无以填补，只感到更深的空。我必须向你承认，我无法理解，这个冬天我没有你的一点消息，于是我想起，当你留在那个地方，两个月里，你总是能在固定的星期四晚上九点，以最大的谨慎小心出现在窗下，我于是就能看见，你来了并且健康。那对我的心有多大的意义！我会给你扔下一个字条，我必须放弃收到你的信，因为我不相信让你进屋子里来是最好的建议，我于是将在你的文字中窥探你的勇气有多大并肯定能从中认出你。我是说，我能在哪种标签下让你的杂志[1]得到支持，假如它已经办成了。下一个春天将在这里重新找到我们，新的百灵鸟的第一支歌将是我们最新的团聚的信号。我是在暗处写的，对我来说，太阳和她的光芒已经过去，所以有这么多的黑暗，直到我们自己的太阳重新照耀，她来了，她

---

1. 杂志（Journal），指荷尔德林从1799年7月起计划创办的月刊。

又来了？——哦！仁慈的大自然！教会我信任，还有这颗心的平静！——

18日

我现在想要给你简短回顾一下我这次小小的旅行[1]，因为我要利用我这一刻的孤独，它将是简短的，我真的不能确定能不能讲好，你将会原谅我干巴巴的语言，我只能给你一个概念，以此给你的想象一个安静的时刻。我们的出发晚了八天，只用了十天的时间，我们清早从这里启程，我的弟媳[2]，那位最年轻的布伦塔诺和我无人陪伴，除了我们的雅各布[3]，在基森我们遇到了校长蒂施拜因，他在那里探望他的妹妹，并且等我们。这是一个饱经沧桑、须发灰白的人，二十年没有踏上德国的土地，而他的祖国又让他重新年轻，在对意大利的称颂中，人们发现那里到处是德国人，他在路途中常常说，不！意大利并非都是美丽的绿树。这个人很久以前就是一个伟大的画家，他把他的艺术和他个人的兴趣放到了后面，为的是研究希腊的古典，她的诗人，特别是荷马激发了他的热情，假如你能听到他说，你会发现他对荷马的理解是多么真挚和坦诚，你会高兴的是，在这个老人身上仍然有幻想和温暖的感情。他也立刻就认出了我并且对我很尊重。你很快会看到他的作品，下一次给你多讲。（我也能看到你对荷马的评论[4]吗？——）

---

1. 小小的旅行（kleine Reise），原定于7月12日出发的旅行，实际是在7月19日至29日。
2. 弟媳（Schwägerinn），苏赛特弟弟的夫人（E.E.Borkenstein）。
3. 雅各布（Jacob），龚塔尔特家的仆人。
4. 对荷马的评论（Bemerkungen über Homer），指荷尔德林未完成的论文《论诗歌创作的不同形式》（*Über die verschiedenen Arten, zu dichten*）。

我们在卡塞尔待了三天，第一夜我醒得很早，因为我的旅伴还在睡着，我从皮夹里抽出你的亲爱的诗[1]，它们是我的晨祷，它们温柔动人的哀伤包围着我，把我牢牢地贴在你的心上，所以我重新勇敢地走进生活，美丽的太阳在卡塞尔升起，我已经高高兴兴地把我喜爱的地方重新浏览一遍。——

当我们在桌边坐下，一个汉堡来的善良的老朋友让我们惊喜，他旅行也是为了探望他的孩子们，并且在晚上和我们一起与等待的人见面。我们互相度过了快乐的三天，可是我没有了孤独。——

我们与汉堡来的人分别，继续我们向歌塔的旅行，蒂施拜因也留下来。经过两天的行程我们在晚上抵达了那里，大雨如注，我们看到的很少，第二天早晨我们去往魏玛，到那里是大约下午四点，我们想从那里直接去维兰特的庄园，为的是和拉洛克与她的孙女一起来，可是听说他们都在城里，我们写了一张字条，通报我们的到达，索菲·布伦塔诺马上就来了，邀请我们大家一起到她的住处，所有能想到的学者都聚集在那里，我们很快地换上衣服，随她一起去，年迈的拉洛克对我们非常友好，无拘无束的快乐和非常的活跃让我们与聚集的人相识，维兰特、赫尔德！（歌德缺席）还有一些不太知名的男人。我的弟媳立刻就与维兰特聊了起来，我受蒂施拜因的委托问候赫尔德，前半个小时就这样过去了，喝着茶总是与维兰特聊着，我十分小心地插入一些深思熟虑的话语，在告别时，我真诚地向维兰特伸出手去并说，他们说

---

1. 诗（Gedichte），指苏赛特收到的荷尔德林的诗《狄奥提玛（早期的稿本）》的抄写的片段。

过的寥寥数语让我希望更经常地见到他们。我高兴是因为你，在返回的路上我只想着你，另一天我问索菲，在维兰特特别喜欢我的弟媳之后，我和弟媳两个她更愿意选择与谁交往，她选择我，而维 ... 简短地回答是她（"为此你值得女孩子亲吻你的手"）。原谅我又给你讲了这些废话，我也是只给你讲，假如没有这些，我也不应当向你隐瞒，它使我感到自豪。另一天早晨我们前往耶拿，带着一封给那位梅乐傲的推荐信径直去了她那里，通过一张给席勒的便条，请他为我们花费一个小时的时间，她立即夺走了我们所有的希望，因为他完全与世隔绝地生活，极少允许陌生人去他那里，其余的人都放弃了去看望他的计划，除了索菲和我，甘冒一切风险去他那里。

23 日

我现在必须再次利用其余的人都乘车走了的时间，我有很多要写，倒霉的是来了一只蜜蜂，叮在了我的右手上，这似乎是我常规的生气，在我书写的时候总是会有很多的阻碍，而为了仍能写出这么多，当然需要得到很多的爱。我现在要用几句话把我的旅行故事讲完。

索菲和我下午再次去找梅乐傲听回音，我们到达了，定在了四点。我们在一个仆人的陪同下，在这个钟点从一个大门出来，他[1]住在里边的一个花园里。我们的心害怕地怦怦跳着，奇怪的是，我既伤心又勇敢，我却不能对你说，在这个时刻我只觉得，我被

---

1. 他，席勒。

赐予的半个小时去见一个在我心中是如此伟大的人，是多么短
促，对这个人肯定能说出自己的感觉，可是要通过我的目光来揭
示这种关系是不可能的。我不想把自己在这个美丽的心灵里映照
得渺小，我只会显得谦恭。我不能用一个词来描述那颗心，我请
求索菲引导那个词。我们通报并且站在花园的门口等待，瞥见他
高贵的身影在长长的林荫道的那头，他的夫人陪同他，两个活泼
的少年在草地上跳跃。我们就我们的唐突致歉，他领着我们走进
一个阴凉的亭子，我们挨着他夫人坐下，他在我们面前显出庄严
的姿态，他和拉洛克的孙女谈了很多，谈到她和维兰特，我有时
间把他真切地看在眼睛里。因为还要返程，所以我们的时间很
紧，他的善良的可爱的夫人要陪伴我们回家，我们不想再添麻
烦，但是他说，那不会给我的夫人增加负担，而我——他很和蔼
地说，但他想起了什么，就回屋子了，我们与他的夫人一起到了
城门口，我们与她告别时，她的大儿子来了，她让他与仆人一起
把我们再次送回宾馆，邮车的马匹在那里已经套好，晚上我们还
要乘车去魏玛。从那里经过福尔达前往法兰克福，那些美丽的地
方让我们快乐。

　　我们去往埃姆布斯的旅程十分无聊，可能我们星期五将经过
缅因茨去科布伦茨，回程时经过温泉城，但是星期一就能回到
这儿。

　　我弟弟要一直待到十月底。博览会以后我会迁到城里。假如
你有一个旅行的打算，或者别的我必须知道的计划，那么在这种
情况下，如果可能的话，你通过一个什么人给我送一封信来，但
是必须像往常一样，在规定的星期四的上午十点到十一点，为此

我能给予警觉，假如你万一要向我说明，但那仅仅在紧急情况下 [1]

9月5日，星期四

这几页纸，你会觉得有点郁郁寡欢，我的最好的人，为此我还必须对你说，我现在重又快乐多了，如果你看到我，会发现我整个人发生了多大的变化！——哦！让我永远可爱！假如我们的爱永远是无报酬的，爱是它自身，在我们心中是宁静，却如此美丽，它永远是我们最亲爱的，是唯一的，不是吗，我的亲爱的！它在你心里是这样，我们的心灵永远永远在一起！——

---

1. 此处似乎未完成。

精神从躯体攫取力量

致母亲　　　　　　　　　　　　　　（霍姆堡，1799 年 9 月 4 日）

最亲爱的母亲：

　　我刚刚收到了那笔钱和您 8 月 15 日的珍贵的来信。这善意的帮助以及伴随而来的母亲的祝福，绝不会是毫无成果的；我不能对您说更好的感谢的话语，而是在每天的勤奋中把我的收获用于再生活一段时间，尤其是给予我正在写作的作品[1]所有的完美，它存在于我的力量之中；假如这段时间我不值得我的德意志祖国的关注至于这样的程度，人们来打听我的出生地和我的母亲，那么我将会，上帝也会，在将来带我去往那里。因为那实际上是对于所有的背弃和所有努力的唯一的和最甜蜜的回报，如果没有这个，作家将一无所成，他把他自己以及他的人民带到他的人民及其后代之中。这是不言而喻的，尊贵的母亲！

　　您千万不要担心我的健康！我十分清楚，精神从躯体攫取力量，但是有时也给予它力量，假如在工作之后，以满足的心情休息一个小时，可以代替你有点生气的一个星期。感谢仁慈的老天爷，让我在经受这么多痛苦之后，直至今日仍能获得青春的力量。

---

1. 作品（Werk），可能是悲剧《恩培多克勒》。

　　只愿我善良的妹妹不要忧伤，还有她亲爱的丈夫健康！否则我只能认为，现在还不算危险。您写信给他和她表达我真诚的同情。我但愿，假如我的话语能让那个高贵的人有一点点快乐，那么这些天我愿意多多地给他写信。我本来已经多次地想这样做。

　　您是很对的，我们亲爱的卡尔只要几句兄弟的话语就足以让我开心。他的心智的成长和他的信念和知识的每一个进步都让我特别感兴趣，我如此敬畏这颗心，我的兄弟的心，无论从那颗心中产生什么，都不能使我满足。但是他现在已经更经常地写信了，当他再长大一点，这个吝啬的书信写手。您很清楚我是怎么过来的。一个人不对自己多愁善感，就会在他美好的岁月里多一分自我满足。但是如果人在一个冷酷的世界里生活过一段时间，那么人就需要一种如同父母与孩子和兄弟姊妹之间那样真诚的同情。至少这是我的经验。

　　我很高兴，善良的勒布莱特选择了一个这么好的男人，奥斯特塔克多么幸运。她和他在一起，比跟我在一起应该更幸福。我们并不合得来，糟糕的是，与这样从青年起就认识的人，直到真正有了好感，才互相了解。上次居住在符腾堡的时候，我强烈地感受到这一点，所以，正如您知道的，断绝关系是深思熟虑，而不是轻易做出的。但是她有自己的看法，她必定还清楚地记得，在蒂宾根的时候她向我充分地证明了，她还不知道从我的存在中她能找到什么，那时候我们两个继续保持相识，是出于相互喜欢，而不是出于真正的和谐。此外，就我的生活计划以及我们生活的环境来说，我这么早就做未婚夫，似乎是不对的。所以，就我对自己和我们时代的了解，我觉得有必要说，这样的幸福，谁

知道多久就要放弃，我从经验知道，人能以尊严过一种老独身的
生活。假如我要成为一个牧师，那么，假如其他的不那么违背您的
愿望，我宁愿过一种不结婚的生活，并且，假如您能决定做一个料
理家务的母亲，或者我住在您的附近，那么，这对我就足够了。

　　我希望，最亲爱的母亲！您和我们亲爱的家人至少不会在近
期为战争[1]感到不安。我们可怜的国家会承受怎样的税负等，我是
很清楚的，我也时时在想着您，因为您的收入不算很低，要仅仅
支付资产利息加上持家的费用，还要为此交付很多税，一个让人
悲伤的慰藉是，现在半个世界都以这种或那种方式在受苦。我衷
心希望和平[2]，并认为出于最普遍的理由，和平是必要和有益并且
极端重要的。看起来可能它已经不远了，但是这只是我的一个猜
测。——在现在的环境下，一次到符腾堡的旅行当然是不合适的。
我朝思夜想的是，经过这么长时间之后，再一次见到您，最亲爱
的妈妈和我们的家人，这是您完全能想到的。但是不久可能会找
到有利的机会。我还必须对您说，我完全能够考虑到，您千万不
要为教会监理会的事不安。人们都知道，我在这里是靠财产生活
的，让我安安静静是如此省心，因为人们能想象，我不会虚度光
阴。——向亲爱的外祖母夫人致以衷心的敬意。

您的

弗里茨

---

1. 战争（Krieg），战争没有殃及荷尔德林的妹妹居住的布劳博伊伦和母亲居住的纽尔廷根。
2. 和平（Frieden），和平直到 1801 年 2 月 9 日在法国吕内维尔的谈判之后，才得以实现。

每一个在世界上为自己谋取名声的人，似乎都在毁坏自己的名声

致苏赛特·龚塔尔特[1]　　　　　　　　　（霍姆堡，1799 年 9 月下半月）

最尊贵的：

　　我为什么迄今没有写，我不确定的状况是唯一的原因。与杂志有关的项目，我已经写信告诉过你，我那么信心十足并非没有理由，但看来似乎要失败了。我曾经对我能起的作用、对我的生计以及在你的附近居住抱有那么多的希望；现在我必须从已经废弃的努力和希望中汲取一些糟糕的经验教训。我拟订了一个信心十足的简朴的计划；我的出版人想让它光彩夺目；我想聘任一众可以称得上我的朋友的著名作家作为合作者，假如我怀疑这种尝试不会有好结果，我却让一个傻瓜劝说我不要显得固执己见，而那个可爱的、讨人喜欢的家伙把我带入了懊恼之中，遗憾！我不得不给你写这些，因为我未来的状况，几乎可以说我为你而生活的生活，依赖于此。不仅是那些我能够称之为比朋友更尊贵的人物，还有那些朋友，不知感恩，不能拒绝我的善意的人——让我直至现在——都没有得到回复，我现在已经在这样的期盼和希望中生活

---

1. 此信系未完成的草稿，可能写于 1799 年 9 月 12 日前不久。

了整整八个星期，那几乎可以说维系着我的生存。这种遭遇的原因究竟是什么，只有上帝知道。难道人们如此为我感到羞愧？

但是你的评判将会告诉我，这不会是一种以更理性的方式发生的情况，这种评判是少数几个真心实意为我的事务服务的人的评判，比如美因茨的荣格，我附上了他的信。而那些著名的人物，他们的参与对于我，仅仅作为那些可怜的无名之辈的防护，这让我止步，他们为什么不应该这样？每一个在这个世界上为自己谋取名声的人，似乎都在毁坏他们自己的名声；他们不再是唯一的，而仅仅是偶像；简言之，对于那些我粗略地认为像我一样的人，似乎有一点手艺人般的妒忌。但是这种洞察力于我无助；我失去了筹备杂志的几乎两个月，而现在，为了不让我的出版人继续纠缠我，我所能做的只能是写信给他，问他是否不情愿直截了当地承认，我已经为这本杂志所做的，显然无论如何已不能充分地保障我的生存。

所以，我因此有了转向我的悲剧的想法，它一直存留在我心里，这可能会持续大约四分之一年，然后我必须回家，或者在一个我能够通过私人授课或者其他相近的事务维持我的生计的地方[1]，那在这里是不可能做的。

原谅我这样直言不讳，最尊贵的！假如我告诉你什么是必要的，假如我让我心之所想对你脱口而出，那对于我只会更加困难，对一个处在如我一样命运中的人，要保持勇气而不在一瞬间失去最内心生活的精致的音调，也几乎是不可能的。所以我写下了迄今

---

1. 地方（Ort），荷尔德林原想到耶拿或斯图加特。实际转交的信并未保存下来，可能至 9 月下半月才写。

在这个宁静的冬天我将要度过孤独的夜晚

苏赛特·龚塔尔特致荷尔德林[1]　　　　（法兰克福，1799 年 9 月或 10 月）

　　它证明了你对我的爱，你来了，尊贵的，为了从我这里听到几句话，可是它现在多么让我痛苦，我知道你离得这么近，却必须放弃从你的手里接过东西，我不能以任何方式离开屋子走进花园，因为，不幸的是，那棵苹果树折断了，因为天气，我不能找借口。楼下的那个房间（因为第二天我们有聚会，当然我在那里也能做事）我必须最后一次走进去才不至于冒犯。但是那种事极少发生。原谅我这样冷冰冰的话语，要知道那是上天的意志，而不是我的冷漠。我只想，为了赐予自己快乐，出于理智和责任，我不敢冒犯任何人。

　　但是除非特别紧急且必要，我必须亲手得到你的文稿，否则就在上午十点至十一点之间把它们送来，让我询问并让人把它们转交给我，然后我就与你见面（但是不要走错门）。但是我胆怯的猜疑至今仍然是没有根据的，如果你十点钟左右出现在那个角落，那就是我的信号，我不需要再等待了。你的亲爱的《许佩里

---

1. 此信系手写。

翁》[1]现在可能已经到了，只要一到，我立刻就能以闲情逸致来阅读，并以聪明才智来创作。

我弟弟在汉堡那个商业世界里的大革命[2]中没有失落，也许，经由此，他离实现他终于和我们在一起的目标更近了。

我很健康，也很高兴，在这个宁静的冬天我将要度过的孤独的夜晚，阅读你的亲爱的文字和诗歌以及书信。它们将从我内心引诱出很多很多强烈的充满爱的眼泪，出自真诚的高贵的爱的宝藏，带来泽润每日枯燥生活的清泉和祝福。所以我将继续我的宁静的行走并且越来越好。

你也要多为自己努力，不要让每天为未来生存的忧虑过早损耗和扼杀你最好的力量，我完全地赞同你。——永远不变。生活幸福！生活幸福！

在十一月你可以再来，到时候根据约定或看情况。

一千个甜美的名字，还有话语！

---

1. 许佩里翁（Hipperion），荷尔德林于 1799 年 10 月或 11 月写给苏赛特·龚塔尔特的信里说："寄上我们的《许佩里翁》，亲爱的！愿我们内心充实的日子的这个成果带给你一点点快乐。"
2. 大革命（den großen Rewolutionen），在汉堡，有五十家公司因为过度投机而破产。

信任爱吧，它是仁慈的大自然放在我们心底的

苏赛特·龚塔尔特致荷尔德林[1]　　　　　（法兰克福，1799 年 10 月 31 日）

　　我预感到您今天可能会弄错了日程，让我真的松了一口气，因为本来今天是我们这个月的最后一次。——今天我再一次康复了，但是，我的亲爱的，那天你最后一次从这里经过，我病了，我因为受凉而发烧，剧烈地头痛，一连好几天必须保持完全的安静，我再次使用我常用的方法（一种催吐剂），也用了中药，但是它延续了超过十四天，我只感谢老天爷，让我还能够期待你，这个时候却只期待再次健康。我有多么想你，我却不能说跟你在一起的感觉。当我晚上孤单和安静（因为我不想任何周围的人受苦），我充满活力的幻想为我描绘了我们多么美丽的过去，特别是我们第一次全新的爱的幸福时光，你曾经这么说过。哦！假如那样的幸福再持续半年！

　　当这么多甜蜜的天空般的感觉再次来到我的心灵面前，我心中便充满了这么丰富的渴望，我是说，如果你在这里，我就会康复。于是我绞尽脑汁想象，是不是有可能，在现实世界中以一种

―――――――――――
1. 此信系手写。

自然的好的方式，再一次与你在一起，于是当我入眠，我梦见自己发现你在某个聚会上，在一次散步中，我像从前一样轻松自如地看见你踏上我们的楼梯，我为你打开门，我们坐在一起，心情轻松，没有畏惧，我的眼睛愉悦地静静看着你的，然后我醒了，我的心那么轻柔地跳动，之后的几个小时，我真的强壮了许多。但随后我不知道那对我意味着什么。我清楚地感觉到，没有你，我的生命会枯萎并慢慢死去，同时我也知道，我可以想出一切办法，以一种隐秘的令人惧怕的方式去看你，所有的后果都是可能的，就像在我的健康和我的安宁上啃咬一样。我几乎就要相信奇迹了，因为我看不到我们如何才能重新在一起，每天每天，这是我内心最深处的愿望，但是没有恐惧和忧虑，就像我们的爱最初的时光。

几天以来我感觉好多了，因为我现在重又孤单。我现在又有了我旧的房间，我能像从前一样找到安静的时间书写，我把周围安排得更加井井有条，在窗台上摆上了很多花，仅仅这个就能让我更加开朗，因为你的亲爱的诗和信我几乎不能触碰它们，它们太过于消耗我。

我多么需要听到有关你的情况的确切消息，但我又不知道今天怎么能从你的手里得到什么，假如你觉得有必要和很好，那你就明天根据上次商量好的方式来做，你十点钟在外面，那对我就是一个信号。下个星期四晚上我可以下楼到窗口（因为我们在楼下的房间里有洗的衣服），在九点半的时候人们走了，我可以去察看。我为此精心设想过了，当我注意到你，我就下楼，你必须非常小心。假如我不能来，那是不可能的，唯一的办法是，你让别人把信送给我，而你避开。

假如我能更好地深入你现在的所思所想，那我很愿意跟你谈谈你未来的状况。假如命运以一种荣耀的方式继续将你召唤，那它必定这样进行下去，但是我要劝告和告诫你一种后果。你带着破碎的感情在我的怀抱里拯救自己的地方，不要再回去[1]了。——我必须对你坦承，当你在信中说，在某种情况下，你想要听从席勒的建议和意见，让我受到了一点惊吓。难道他不是设法把你带到他身边？——这种讨好的召唤难道不是在诱导你？——假如有一天真的这样，哦！想想这爱吧！还有它数不清的折磨！——

我怎样在盼望着！再一次和你在一起！我的亲爱的善心的青年！——原谅我，最好的人，只有当我感觉到你并且看到你的肖像，我才这样说，我感觉到我的心的全部诚意，我常常惊奇我自己在这一年里竟然已经与理性离得如此之远，但是我看上去这么年轻，于是我也想，宁可做一个爱的牺牲者！也不没有爱而苟活。谁知道它将会怎样，命运之路总是幽暗的。——让我们永远不要背弃爱，而要永远相互忠诚！空话！因为假如我们是别的人，我们就再也不爱了。信任爱吧，它是仁慈的大自然放在我们心底的，为了让它在那里成熟，实现至高的目的，而我们短视的生物在这里仍是一个谜！却赋予我们感觉和致力某种伟大的使命，每一个却无力培育崇高的情感！虽困囿于这个坏的世界，我们仍秉持这一信念。

---

1. 指回到耶拿或魏玛。相比留存的草稿，在一封遗失的信中，荷尔德林更清楚地表达了请席勒帮助在耶拿找一份"小职业"的想法。

我还必须对你说，因为自从我上次给你写了，我还没有收到你的一丁点消息。而我的病是因为我着凉。

还要告诉你，我们对面住上了糟糕的移民[1]，他们几乎每天到家里来，他们在三楼上，每天晚上拉上窗帘，但是在白天你要小心。

生活幸福，我的唯一的心，你再过八天就要来了，但是不要在坏天气来，生活好，睡得好，我的最好的。——

---

1. 糟糕的移民（fatale Emigrante），龚塔尔特家的亲戚。

对不能改变之事，你以英雄之力忍耐和缄默

致苏赛特·龚塔尔特[1]   （霍姆堡，1799 年 10 月或 11 月）

　　寄上我们的[2]《许佩里翁》，亲爱的！我们深情的日子的成果，将把少许快乐给予你。原谅我，狄奥提玛死了。你记得吗，我们对此曾经不能完全取得一致。我相信，按照总体的结构，这可能是必要的。最亲爱的！就她和我们，就我们的生命之生活所说的一切，像接受一份谢意一样收下它，相比笨拙的言说的感谢，它常常更加真实。假如我能跟随你的脚步亦步亦趋，在平静和自由中成为一个艺术家，哦我相信，我可能会很快地成为我在梦中和在明亮的日光下心之所往，并且常常以沉默的心灰意冷，在种种痛苦之中求索。

　　多年来我们洒下的眼泪都是值得的，也许我们不应当拥有我们能够给予自己的欢乐，但那是向苍天的呼唤，当我们必须思考，我们两个都必须诉诸我们最强的力量，因为我们互相想念。

---

1. 此信系未完成的草稿，约写于 1799 年 10 月或 11 月。可能是为刚刚出版的《许佩里翁》第二卷而起草，在法兰克福居留期间已在手；但也可能系后写，因信中提到苏赛特在她的前一封信中所写生病之事。在遗失的手稿背面他曾写道：保持纯洁之心／为高之极致，／智者所虑所思／大智者所行。（引自克洛普施托克的颂诗《为国王而作》第 33—35 行：纯洁之心，其在：那是最后的／陡峭高峻至致，智者所虑所思／大智者所行。其参考了《马太福音 5，8》。
2. 我们的（unsern），荷尔德林在给苏赛特的两卷《许佩里翁》样本上的题词，也可作为书信阅读。因篇幅较大，作为正文附在此信之后。

看！那有时候让我沉默无语，因为我必须提防这样的想法。你的病，你的信——重又催促我宁可蒙上眼睛，视而不见，可是眼前如此清晰，你总是，总是在受苦，——而我，像一个小男孩，只能为此哭哭啼啼！——告诉我，什么更好，要么我们对自己心里的保持沉默，或者我们对自己说！——我总是扮演一个懦夫的角色，那是为了爱护你，——我总是假装一切都能应付，仿佛我对人对环境都玩世不恭，在我体内没有一颗坚定的心，在为争取它最佳的权利诚实而自由地跳动，最尊贵的生命！我常常有我最亲密的爱，即使我对你的思念有时候被拒绝，被否认，仅仅是为了尽可能温柔地让你挺过这个命运，——你也是，娴静的人！你总是成功地赢得安宁，对不能改变之事，你以英雄之力忍耐和缄默，你已经把你永恒的选择深埋在心底，所以，即使我们面前常常暮色降临，我们不再知道我们是什么，我们有什么，甚至几乎不再知道自己；内心这种永恒的斗争和矛盾，当然在缓慢地置你于死地，假如没有上帝能够将它平息，那除了在你我之上枯萎，我别无选择，或者除了你，什么也不再尊重，只与你一起寻找一条结束我们的斗争的出路。

我已经想过了，似乎我们能够靠拒绝而生活，似乎这能够让我们坚强，我们决定性地与希望道别，

荷尔德林在《许佩里翁》样本上的题词：

当命运从此将我攫住，把我从一个深渊抛向另一个深渊，所有的力量就汲入我的体内，而所有的思想，这唯一者，我自身，

依然活在我内心，照亮我内心并保持永恒的、不可摧毁的澄澈！

我曾是幸运的，我难道不再幸运了（？）假如我不再幸运，那么，我第一次见到她的那个神圣的时刻即是最后一次。

世界上所有矫揉造作的知识是什么？所有高傲的深思熟虑的人类思想对此种精神的天籁之音调思考的是什么呢？它并不知道它知道什么，它是什么。

我站在她面前，耳闻目睹天空的安宁静穆，在叹息连绵的混沌中，乌拉尼亚向我显现。

多少次，我在这幅图景前沉默了我的诉说！多少次，那纵情欢乐的生活和奋力争先的精神得以平缓，当我陷入心灵的观注中，我看到了她的心

她是我的忘川，这个心灵，我的神圣的忘川，我从那里饮下此在的遗忘，我站在她面前，像一个不朽者，快乐地向我呼喊，像沉重的睡梦之后必定嘲笑一切压迫我的锁链。

哦，永福的神之青春，不要让你的玫瑰凋谢，不要让你的美丽在大地的哀伤中衰老。你徜徉在你的无忧无虑的天空里即是我的快乐。

人是一件外套，一个神常常将它披挂身上，人是一个杯盏，天空从它啜饮琼浆，为的是给予其子弟美味佳酿品尝。

你守护着神圣之火，你在宁静中维护着美丽，那是我从你那重新寻获的。

很久以来，哦，大自然！我们的生命与你合而为一，我们在你的树林里尽情徜徉，我们像你一样，坐在你的泉边，我们，

像你

　　此时我们远在天涯，此时，如同竖琴的私语，我们行进而来的欢乐第一次向我们鸣响，此时我们发现，此时再无酣睡，所有的鸣响唤醒我们心中对充满和弦的生活的向往，众神的大自然！我们总是像你一样，而现在我们也要分别，欢乐终结，我们像你一样，满怀着悲伤却很好

　　哦，狄奥提玛！高贵的，宁静伟大的存在我必须完成，当我不想逃离我的幸福，不想逃离你？

　　哦，你有你的仙境般的安宁，假如我们能够创造，你之所在！

　　哦，这是我的最后的欢乐，我们是不可分割的，当你再没有声音给予我，我们美好的青春时代的影子再不能回归！

　　这是不可能的，假如我认为我们已经失落了自己，那我真诚至极的生命会反抗。

　　现在你的独特性上，我已变得越来越像你，我终于学会了如何尊重大地上的善良和真诚。

　　我们的生命，我们的，在我内心仍未受伤害。

　　哦，狄奥提玛！她的树林，她迎来她的明媚春天的地方，她曾生活过的地方，那鲜花盛开的和美，未从我，从我心中离去！

我久已被锁住的双唇，
又不由自主地哼出她古老的可爱的歌谣

苏赛特·龚塔尔特致荷尔德林 [1] 　　　（法兰克福，1799 年 11 月 2 日—7 日）

星期六

仅仅几句话，我的尊贵的，自从我在清醒中，在梦中，看见你亲爱的肖像，就让它们像一首轻盈可爱的曲调，在我心中奏鸣。——晚上，此时我亲爱的话语转到你的心中，此时我心中那点温柔的火苗，在你天使的双眸里点亮，如此可爱，无法描绘，如此清晰，如此轻柔地，围绕着我的心。我久已被锁住的双唇，又不由自主地哼出她古老的可爱的歌谣，它已经持续了这么久，直到我微笑着将它察觉。——哦！你们幸运的！幸运的鸟儿！我想念你们！——听着自然之声在我心中鸣响，我舒坦惬意，无以言表，我以感动的心向她致谢。——

星期一

想想吧！我通过 S.. [2] 收到了最最意想不到的消息，伯尔尼的 Z.. [3]

---

1. 此信系手写。
2. S..，索莫林。
3. Z..，策尔雷德尔。

（他五年前给我写了你的一些片段）刚刚在她那里。这强烈地触动了我平静的心情，它立刻撞击了我的心，这种表象是否不会给你带来某种忧虑，让我非常担心。但是苍天保佑，我的唯一的人！不要让它给你带来任何忧虑，那完全是不必要的，我再次向你保证。他再也不是我的兄弟和朋友！永远不会是我的。而你了解我，我的心是如何奉献给你的，你有一千个证明，你知道，当一个人失去了爱，那是他对自己最大的伤害。坚定地信任我，不要让这个把你误导，仿佛它是必须的，对你的心，我没有这么说过。

我星期天的晚上再次见到他，他通过我们的一个亲戚 B.. 像一个老朋友一样向我介绍。我发现他变化很大，他说他似乎已经以自己之力向他的祖国支付了他的份额，而现在他让别人为他担心，他很可能在这里待一段时间。但很可能前往汉堡。

假如不会让你烦扰，我还是想身边再有一个人，我可以跟他交谈，没有保留，互相信任，我可以很快乐地跟他谈论你，那将会让我的心轻松快乐。我不会离他远远的，因为那样是糟糕的，理由不止一个，但是以我爱的所有感情和骄傲，我将会抗拒他，而他会敬重我的爱。

星期三

今天的天空这么清澈，明天你肯定会来，假如我能收到你的消息。好的消息！未来对我是多么阴暗，它该来总会来的，但是我决不会让你走，你总会一次次找到我！——

星期四 11 点

哦！我的心！我多么感谢你！你来了！——我曾这么担心，你可能病了，因为我知道，今天哪怕最糟糕的天气也不会阻止你，今天听你说些什么让我快乐！我请求天空给予有利的一刻，我将会听到的将是好的，你显得神清气爽，你能看到我的感动，能感觉到我的心怦怦地跳动，这种预感多么让我开心！——可是你，好人，却不关心我的消息？——哦！让它不要这样！——当我在一个可靠的朋友面前，真心诚意地、彻底地揭开我生活在与你如此之远、然而又如此之近时的痛苦，谁知道将会怎样，那又有什么好！——你也踏实地想想，我总是揣摩着你的心思，说着最必需的话，我们最亲密的爱，永远只有我们自己知道，将永远是一个神圣的秘密。你在我这里能有最大的温柔，因此你什么也不要担心，看！我肯定不会对你说这么多，因为我总是被爱所伤害的，当我还不认识你，当我还不知道你这么轻易地被你的想入非非所误导，你把事情想象得如此自身迥异，所以我才要对你说说，但你不要往别处想。

你手上有一本书[1]！这已经让我多么高兴。对我们将来的安排，对我们相互间的聆听，我现在什么也不能说，除了那些老生常谈，只要你的消息不改变它，那你总是能找到我！我永远是你的，只要我活着，永志不忘的爱人！———

我不能再写了，我的眼睛目睹了太多的激动。可能今天下午还能写几句话。——

---

1. 书（Buch），可能是荷尔德林的《许佩里翁》第二卷。

啊！这不是我见到你的最后一次！不！我不能我不愿意这么想！哦！让我期待！——让我禁止这个想法。——苍天！什么样的天气让我这么心神不宁，不要去，假如天仍是这样，你可能会生病。哦！你已经是我的最好的！什么时候我将来还能再一次听到你说，即使已经是晚上，我在坚实的手中握着能让我如此高兴的东西。我们不得不遭受的痛苦是无法描述的，并且我们为什么要受苦也是无法描述的。

在你来之前我在思考，你以后是否在冬天的时候在十一点左右而不是十点在那个拐角现身，或者，假如你愿意，在三点左右，因为我相信你今天一定很匆忙，我不想让你在黑暗中走出屋子。我想要对你说那么多，但是我此刻太伤心了，我不知道今后怎么办，但是还有这个，我会重又完全康复。生活幸福！生活幸福！永远永远我对你忠诚。

人有时候可以在艺术天才作品的
殿堂里闻到人间的烟火气

约翰·戈特弗里德·埃贝尔致荷尔德林[1]　　　（巴黎，1799 年 11 月）

　　……这个夏天，我的心灵对某种观念和感觉着了魔，弄得我简直要跟以前一样，你应该把这种情绪归因于它，假如因为我粗心大意，那我是不能原谅自己的。我最终还是从这种情绪中走出来，回到生活中，所以我急着要回复你的来信。

　　封·洪堡先生出发了。

　　……

　　但是我必须继续我借以糊口的研究，此外还继续我的著作，我如今发现自己无力满足您的愿望。但是，切记，只要环境允许，我会设法把一些片段寄给您。我对一些聪明的头脑说过此事，可能我能幸运地为你找到另一个合作者。

　　您居住在霍姆堡，已经离开了龚塔尔特——这是我在收到您的信之前一直不知道的。您似乎想把这件事告知我，因为您对此什么也没说。我但愿，您在孤傲自立的状态下匍匐在缪斯女神的膝前，能享受到内心极大的快乐，远远高于我在现实的世俗世界

---

1. 此信系节选和摘要。

的污浊之中[1]。在这里，人有时候可以在艺术天才的作品的殿堂里[2]
呼吸到人间的烟火气，但不是在活的人中间。虽然痛苦缠身，人
在这里仍然可以学到人的本性的很多东西。满怀永远不变的友谊
的感情和尊重

您的

埃贝尔博士

请您代我向辛克莱先生致以最好的问候。

---

1. 污浊之中（im Schmutze），埃贝尔对巴黎的状况厌恶至极。
2. 殿堂里（in den Sälen），拿破仑把从意大利劫掠的艺术珍品在巴黎展出。

我要尽力与我宁静的灵魂一起，孤独地生活

苏赛特·龚塔尔特致荷尔德林 [1]　　　　（法兰克福，1799 年 11 月 10 日前后）

　　你上次的信让我有多么快乐，我的最好的人，我只能对你说，为了得到它们，它们奖赏了那么多的害怕，因为我无法描述，当我在窗子下面瞥见只有你没有别人，我是多么恐惧，我想，明亮的月光已经完全把你出卖，我那会儿从一个窗子跑到另一个窗子，而你不让别人看见你，我的膝盖开始那样剧烈地颤抖，我简直就要支持不住了，我让自己惧怕地留在无法预料之中，现在我总是想，要是有个什么人从我背后走进房间，那我也被出卖了，而你正为着幸福而来。我现在急忙拿着我的珍宝进入我安静的小房间，但是我的心澎湃激昂地跳，让我不能阅读，我开始从后面、再从前面翻开你的信，可是这个晚上找不到真实的感觉，直到白昼到来，我的心才平静一些，这时它们让我的心快乐和坚强，平静的感谢给予你并向着你飞跃而去。

　　在这个冬天，我的恐惧肯定已经不会再让我尝试以这种方式得到消息了，再过几个月，当我们又有早春的时候，你应该有必要对我说点什么，根据上次的约定，你是否总是缺少一点点勇

---

1. 此信系手写。

气，把一个写着我的地址的小包裹夹在几本旧书里寄给我，这样我可以知道钟点。

你可能期望我给你讲讲我对我的社交多么满意。那我必须诚实地告诉你，我实际上完全没有社交，我整个夏天因为身体不适仅有六次离开屋子。我的兄弟姐妹也很少和我在一起，他们都喜欢在邻居那里，也在向情人献殷勤的小小的消遣之中，他们被这种现在风靡汉堡的致命的方式所宠坏，在这方面和许多方面他们都跟我不同，我常常一个人独坐，心怀着我高贵的爱，我愤怒地认为，虚荣和堕落的人生，这是不应有的，它们却在世界上流行开来。

但是人很容易让自己去过那种他们根本不尊重的生活，只有让他们妒忌的才让他们反感，只有那些激发真正爱情的存在才会被爱情所折磨。我越来越觉得，我不适合世俗的环境，我更加努力与我宁静的灵魂一起，孤独地生活。

你从这里回去的那天上午，几个小时以后，Z.. 穿着一身旅行服装来了，问我有没有要在汉堡订购的东西。他从那以后一直在那里，可能要过几个月，为的是与他在美国做生意的一个弟弟更近一些。

现在我还必须对你说说，我对你到耶拿居住的反感从何而来，这样你就不会误解我，对你给我写的，我一点也没有猜疑，也没有别人对我说什么。所有的一切都来自一个事实，从耶拿到魏玛只有半天的行程。这个夏天我碰巧到了一位女士的宅邸，虽然无人居住，但是给了拉洛克女士和她的孙女作为临时住所，我认为这个住处[1]你不会不熟悉。前段时间我听说，非常确定的是席勒这个冬天将去魏玛，迁入这个宅子。但是你不能去拜访他，这对你可能是不愉快的，我对此却有感觉，当我碰巧在那里度过几个小时，我充分地感觉到我的心怦怦地跳。那时候我没给你写这些，因为我还没有觉察到你的想法，没把它当回事儿。但是现在我相信，你和我都有责任找出你的弱点。我很清楚，在爱情的崇高理想面前，这样的弱点是不应有的并要受到谴责，但是，在爱的人类情感面前，珍惜！——你理解我！——

---

1. 住处（Wohnung），夏洛特·封·卡尔布的住宅。荷尔德林于 1795 年 1 月初离开卡尔布的家后，在此暂住。苏赛特 1799 年 7 月末到访魏玛时，索菲·拉洛克女士在此居住。苏赛特的醋意为谁而发，不得而知。

习惯是一个法力无边的女神，
没有人会背叛它而不受惩罚

致约翰·戈特弗里德·埃贝尔[1]　　　　　　　（霍姆堡，1799 年 11 月）

我的尊贵的：

我把您善意的允诺与可能在未来参与我的文学尝试联系起来，我感到多么快乐，可是您的来信给予我的真正的快乐，是不同的。从第一刻起您就对我意味着那么多，自从我不再见到您，我感到多么缺失，我感觉的比我能说的多得多。

在人们受苦受累的形象中，我越是学会理解人、宽容人和爱人，他们中完美的形象在我的心灵中就越深和越难忘；我可以向您承认，我只认识很少可以交心的人，可以像如此经常地想起您、说起您那样踏实笃定，这样的事很少发生。假如为了我的缘故，我们更接近，因为您不需要我，或者很少需要，我却不知道，我对于您是否如此重要，或者仅仅似乎如此。因为我的感觉的方式，我几乎不可避免地要遇到的很多经历，严重地动摇了我对一切、对人的内心形象和他的生活和本质的信心，它们曾经给了我那么多快乐和希望，大的世界和小的世界永在变动的关系，

1.此信系不完整的草稿，很可能未寄出。

我在其中看到自己，现在仍然在惊吓我，因为我有一点点更加自由了，在一个程度上我只能向您坦承，因为您理解我。习惯是一个法力无边的女神，没有人会背叛它而不受惩罚。假如我们固守曾经存在的，我们很容易赢得与别人的一致，于是观念和道德的一致性在我们看来首先在于它的意义，假如我们正匮乏，而我们的心再也找不到真正的安宁，假如我们脱离了那种旧的枷锁，因为它极少依赖于我们而产生新的，尤其是那些更精细和更高级的枷锁。当然，从更加体面和公正的世界中成长起来的人会把如此密切相关的一切聚合在一起。

　　我多么愿意告诉您我离开那个宅邸的考虑，您和我过去和现在都那么珍视它，但是我要告诉您的多得无穷无尽！我曾经宁愿向您发出一个请求，并依然要这样做。我们的高贵的女友，我在多次艰苦的探寻中一再发现，她在那种最好的生活中越来越独立自主，并且越来越从那种错误的关系中受到更高的教育，那对于我，为了最终不过于悲观地用一个确定的、清晰的、能表达她内心的价值和她自身的生活道路的词语担保她的未来，需要一个很高的高度，而我几乎不可能静下心来谈论她。假如您尝试一次，我的高贵的！那将是一次美好的帮助。思考自己的事情或者读一本书或者朝着一个你认准的别的方向，可能更佳，但是一个自信且善解人意的朋友的话语，却更多益处，较少谬误。

　　您对巴黎的评判让我很伤心。假如有一个人，较少很宽的视野，不像您这样有清晰的不带偏见的目光，对我说同样的话，我不会特别当真。我十分理解，一个强大的命运如何能够如此神奇地塑造一个彻底的人，我见到的越多，我也更加懂得，那些最伟大的人，其伟大不仅在于他们自身的品性，也幸亏他们所在的幸运的位置，他们在此积极并活跃地置身于时代的关系中，但是我却不理解，在个体和整体中，很多伟大和纯粹的形象如何治愈和帮助得如此之少，幸运的是，面对居高临下、统摄一切的困境，那些让我常常如此宁静和卑微的，是优秀的。一旦相比那些纯粹独立的人的效率，这些更有决断且持续有效，那么，与在其中生活的很多人或个人，结局必定是悲剧和死亡。我们幸运的是，我们有另外的期望。您认为，围绕您身边的新的一代如何呢？

你比以往任何时候都更需要同情，也更需要体谅

苏赛特·龚塔尔特致荷尔德林[1]　　　　　　（法兰克福，1800 年）

1 月 30 日，星期五

我现在必须考虑准备好放下一封给你的短信，因为你可能下个星期四来，那样的话，时间可能太短并且太不安定，假如我能知道，你真的已经到过你祖国故乡的城市[2]或者还在那里？我多么愿意给予你和你的家人这一衷心的快乐！——

八天以前，你的祖国同胞[3]在我们的桌旁，那对于我，就像是他们一定都见过你，于是我觉得完全就像身处你的社交圈之中，我喜欢他们的语言，我的意思说，每当他们与我单独在一起，他们就会谈论你，我多么愿意和这些认识你的并且像我一样珍视你的人在一起。在思想中，我常常与你在一起，我是说，我对你的想念不要打扰你的家庭的圈子，而爱的温馨的感觉愈益增强，因为你比以往任何时候都更需要同情，并也更需要体谅。

你是否也应该与他们约定了未来并发现了适合于你的？我很愿意知道其中的一些，但是我必须仍然保持耐心！后来，我愉悦

---

1. 此信系手写。
2. 故乡的城市（Vaterstadt），荷尔德林的母亲居住的纽尔廷根，此时他并未到过那里。
3. 祖国同胞（Landesleute），兰道尔肯定在其中。

地与你的同胞们计算，从我们这里到他们的家，并不比从这里到可爱的卡塞尔更远，这倒让我想起来，上一次不过是一次乘车旅行！你没有走得离我更远吧？——没有相当远？——你一次次地去那里，也一次次地来我这里！我多么愿意在你适合的位置见到你，假如你能够想到小心地选择，而绝不要抓住那不正确的，我就再也听不到有关你的事了，假如你不能下定决心送给我一个小盒子，假如那对于你是必要的，那样做是不受阻碍的，那将是真正的幸福，你自己想象一下，我把它当作一个象征，这样我能安心地等待，这样，当我把与你之间的距离想象为消息，并期望它们不像平时那样令人渴望，我于是得到一点补偿。我看到了你！你就在近旁，我会并且一定不再满足于此。

　　我必须立刻对你说，我现在将不再把一封短信扔下来，因为我预感到嫌疑（但可能是完全没有根据的），在未来的几个月里无论如何是好天气并且干燥，那样我当然能够走出屋子，请你在十点钟现身，这样我将在这天的大约十一点到达我们知道的地点。但是只要不引起嫌疑，你将会见到我。我能够轻松地向你说明，我对听到你说话有多少期待，因为接近三月底我弟弟又将来这里，那时候我很少能不陪伴。他又将与他的夫人在我们这里度过夏天。如果你要送给我什么，那就在此之前吧。可能战争的喧嚣将阻止散步，在那种情况下，送给我什么将按约定的办法，我也将回赠转交人一本书，作为确认我们双方都收到了，假如你能够在十一点在拐角现身一瞬间，我建议你绝不要在那里滞留太久，因为上面住着一个生病的邻居十分无聊。假如我到时不能来，我会在窗子外面挂一块毛巾。

现在还给你说几句我在怎样生活。我完全健康，在我的小屋房间里的孤独的安静有助于我的健康，我这么愿意坐在我的花中间工作，没有人到这里干扰我，在我宁静的窗外，只有麻雀有时光临，叼走窗台上的面包，云从我身边经过，我常常跟踪它们，当傍晚在树林的背后，当落日的几束光透过来照在背景上，我很快乐！我的心情中这柔和的忧郁的悲伤，它从未变得模糊不清，也绝不应当模糊不清，它让我更愿意接受一点小小的快乐，我更充满感激！我的心从来没有振作起来，怜惜悲悯和善良仁慈的泪水总是离我这么近，所以我才要活下去！所以你也要！——

这个冬天我有一点点喜欢合群，有时候去拜访我们的老相识，我把长久的孤独和新的孤独变成了比过去更多的欢乐，人们乐意再次见到我，有几次也有人对我说，我又一次显得好多了，精神更爽朗，肯定你能相信的只有我的话，我再次恢复了健康。但愿我知道你也一样！——

星期四（2月5日）

你真的来过了？我但愿你没有，难道你根本没有外出？你没有为了我的缘故窃取你的快乐？——好吧！最好的心灵！假如你想要快乐，而我还能把它给予你！——我不知道我这么害怕，我是说，我们总是想要被背叛，而障碍现在几乎已经不可能被迫着增加了，假如仅有这一次你还能得到我的话语，那么，我宁可什么也不说，但是我知道，你爱我，正如我爱你，没有人能把它从我这里拿走。

你脸色不显得苍白了吗？你没有生过病，是吗？你保重自己，我为我的缘故我知道——也不要拒绝给予你的快乐，你不寻求快乐吗？但是你知道它对你并不是不友好的！不是吗，我的尊贵的？——

假如你明天来，那我就能安心！我深信不疑并有充分的理由让自己快乐。

生活幸福生活幸福，但是或远或近都要靠近我。你已经与我如此编织在一起，什么也不能把你和我分离，我们在我们所在之处也已在一起，我盼望着很快与你再相见。

一定要非常清楚地告诉我你过得怎么样。——也要为了我为你自己操心。

Z..[1]仍在汉堡，我不知道他什么时候再回来以及他是否会住在这里，但是我相信，即使他会回来也很少在这里逗留。

我已经用无以言表的快乐阅读了你亲爱的诗[2]！你的信我全都像一本书一样放在了一起，每当我很长时间没有听到你的声音，就在你的信里面阅读，并且想着它仍是如此！你也做同样的事，要相信，只要在最真诚的生活中保留连接我们相互之物，我绝不会放弃我的信仰，我们总会在这个世界上重新找到对方，并且还会有快乐。还是要快快乐乐（在我们说的意义上）并且就像你开始那样深信不疑，假如它成功了，定是我之所爱。绝不要选择不适合于你的。如果你能感觉到你最美的肖像如何常常在我内心生动地展现，那你也会感觉到在我周围的一切的一切必然如何消

---

1. Z..，策尔雷德尔。
2. 诗（Gedichte），不知道苏赛特阅读的是荷尔德林的哪些诗，很可能荷尔德林把诺伊菲尔主编的《1800 年闺房教育袖珍书》的样本托人转交给了苏赛特。

失。我心中每一个微小的感觉都在提醒我你的伟大和独一无二，让我向你彻底倾倒！——所以，你的心不要羞怯，要像我一样相信，我们永远是我们的并且只能是我们的。

苏赛特 1799 年 2 月致荷尔德林的信

我多么新奇地想听到你说说你未来的决定

苏赛特·龚塔尔特致荷尔德林[1]　　　　　（法兰克福，1800 年 3 月 5 日）

　　他[2]将会搬到楼上你的房间，坐在你的写字台前，于是我倒愿意再次上去，并以悄无声息的快乐看看你从前的住处如何被他的存在所致敬，我任何时候也不会把它赐予别的人，你也不会吧？如果我向他走去，他可能有时候会从我的眼睛里看到默默的泪水，体贴地理解我，而我将会在他的心灵发现宁静。

　　明天我将会多么快乐！我会再一次听到你说话，无论它是什么，它的一切都是好的，你一定会让它对于我是最好的，我已经相信命运，我相信，它对你一定是顺利的。我将会再次得到长久的食粮。但是你现在必须再次保持耐心，因为你以后的月份从我这里什么也收不到，我也不知道应该如何开始。因为我的亲戚马上就来，否则，这个家庭里很容易发生变化，假如你不来，那倒是很好的，但是因为我不能知道你未来的决定，我也不预先告知你什么，假如一切都是可能的，我将会完全按照你的约定来做。

　　但我们再一次住在花园[3]之前，我们互相之间可能什么也得

---

1. 此信为手写片断。在信的背面，荷尔德林后来写了诗《人的生命是什么……》（Was ist der Menschen Leben.... ）的草稿。

2. 他，不详。

3. 花园（Garten），阿德勒弗里奇宫。

不到了，五月的第一个星期四恰好是在 1 日，我记得很清楚，我们在去年的这个时间还没有外出，要是单独一个人出去散步对其他人来说是很引人瞩目的，假如你为此计算好第二个或者第三个星期四，可能会更踏实，一段时间之前，我突然想到，我们未来在需要的时候，是否不能通过兰道尔先生互相获得消息，他是你的朋友，最近也对我特别地礼貌和听话。但是这件事必须以最大的谨慎和宽容来做，为的是不让他本人有嫌疑。这仅仅是一个想法，假如你发现他没有什么好，那我们就不要继续谈论了，你在这段时间可以一直通过他不时地得到我的间接的消息。 他一定会到这儿来参加下一次博览会，但是如果你见到他，你可以让他觉得，他仅仅对我提到你的名字。我不能告诉你，我多么新奇地想听到你说说你未来的决定。只是已经忍受了多少期待的时间！我不能继续写下去了，生活幸福！生活幸福！你在我心中永不消失！与我一起永存。——

苏赛特通报婆婆去世的消息

苏赛特·龚塔尔特致荷尔德林　　　　　　（法兰克福，1800 年 3 月 15 日）

　　我的婆婆昨天去世了。更多的今天我不能跟你说，生活幸福
生活幸福多保重自己——

作为有用的人到你家庭的圈子里生活，这个决定发自我内心

苏赛特·龚塔尔特致荷尔德林[1]　　　　　　（法兰克福，1800 年 5 月 7 日）

　　你明天来[2]吗？我的尊贵的！我相信，但是我不会让自己信赖，假如我不能再见到你，我的渴望将会过于强烈地保持。作为有用的人到你家庭的圈子里生活，这个决定发自我的灵魂，它现在因为环境、决心，对于你变成了你的好姐姐，一切都要为你所能，在你身边再有一个真心爱的、你能够信赖的人，你的心将会如何呢，而我又将如何不高兴呢！——我将始终要听你说，我将再次见到你，只要对你是可能的。假如我们像迄今这样如此经常地不通消息，当然不是所有的月份，我早已经在心里要对你说，我们通过信件传递者来交换信笺仅有整整半年，但是为着对方，我们都愿意给对方写下有幸福感的几分钟。双手都在讲述着我们各自的感受，说出心里的话，当我们的胸口胀满和压迫，我们泄出怨气。我们现在就在这样做。你能来的时候你就来，我毫无担忧地等待你。确定有一天你会来我这里。我将会再次见到你！我的确定性没人能拿走。我将坚定地承受你的目光和你的握手，我

---

1. 此信系手写。这是苏赛特·龚塔尔特致荷尔德林的最后一封信，写于阿德勒弗里奇宫。
2. 明天来（Morgen kommen），这对恋人在第二天见了最后一次面。

绝不会如此怯懦，忍受了这么长久的分离，绝不会再忍受分离。

现在说几句我迄今的生活。我很健康，现在有很多要忙碌，我可以很愉快地分心并且把我上进的力量变为行动，得到回报。你知道，我们现在已经来到了美因河畔的花园里[1]，就像你知道的，在那里种上自己的树，按照我的想法在那里设立一些什么，并且有一个小小的农场，一直是我的愿望。我现在很喜欢那里，就像你一直说的，我要按照我的方式让一切都建设得很简单，俯瞰 25 个摩尔干[2]果实累累的土地对于我是足够快乐的并且给予我很多忙碌，就像我喜欢的。我已经赢得了一年的时间来设置，因为我们还住在这儿，这样到明年夏天一切就完成了。

昨天我们刚刚搬到这儿，我的弟弟最早星期六到来，Z.. 也还在汉堡，有关他，人们什么也没听说。假如你将来想起我，你只要一直想象，我正在从事某项让我快乐的工作。而我想到你，你正在做某件事情，它会奖赏你善良的心，我们就这样以愉快的心情想念着对方。那么鼓起勇气再见面，向着飞逝的时间奔跑，它在！它何时在！请求命运，让那快乐的瞬间快快到来，相信神秘的力量在引导我们的脚步。我只请求你，不要让你生活的状况干扰我们的生活，而要让我成为你永远的信赖者，为此你什么也不会失去，因为你的快乐也是我的快乐。

假如你将来在城里出现，看到我的窗子上有一块白毛巾，就不要送信，而是明天再来，你看见什么也没有就马上送来，然而再回来一次作为信号。

---

1. 美因河畔的花园里（in Besitz des Gartens am Main），阿德勒弗里奇宫。
2. 摩尔干（Morgen），欧洲各国的土地面积单位，相当于 0.25—0.34 公顷。

星期四早晨

假如你现在来! ——没有你, 整个地方寂静无声, 空空的! 我如此充满了担心, 我如何把涌向你的强烈的感情锁在我的胸中并保持它们? ——假如你不来! ——

而假如你来! 要保持平衡同样是困难的, 也不能感觉到生命力的旺盛。允诺我, 你不回去, 并且再次从这里安静地离去, 因为如果我不知道这个, 我会在最大的紧张和不安中从窗前走开, 直到明天清晨, 但是到最后我们必须再次变得安静, 为此让我们满怀信心走我们的路, 在我们的痛苦中仍然感觉到幸福, 并且期待它长长久久地为我们存在, 因为我们在其中感到了完整的高贵并且得到增强[1]

生活幸福! 生活幸福! 福运[2]

与你同在。……

---

1. 增强 (gestärkt), 之后的文字不能识读, 可能是 "在我们的灵魂中" 或 "为我们的命运"。
2. 福运 (Seegen), 之后的文字不能识读, 可能是 "天空的" 或 "爱的"。

你去法兰克福的时候，一定要想到我

致克里斯蒂安·兰道尔　　　　　　（豪普特维尔，1801 年 3 月下半月）

高贵的忠实的朋友：

我刚刚收到你的第二封信，在你温和的训斥中，我感觉到你对我意味着什么以及你想保持什么。

我跟这里的邮差还不熟悉。总的来说，几个星期以来，我的头脑里还是有点乱糟糟的。

哦！你知道的，你一直看到我的心底，假如我对你说，我对此保持沉默的时间越长，它常常对我发起的突袭就越强大，我有一颗心在体内，可是看不出它有什么用。没有人能告诉我，这里完全没有人能向我表达。

告诉我，这种孤独的存在，到底是福还是祸，对此是由我的本性决定，在那些左思右想中，我越是相信情境可以选择，以便发现自我，却总是不可抵抗地把自己逼迫回去！——我要是能一天跟你们在一起！向你们伸出手去！——最好的朋友！你去法兰克福的时候，一定要想到我[1]！你会吗？但愿我对我的朋

---

1. 一定要想到我（so denke an mich），兰道尔可能在复活节去了法兰克福，因为有人向他透露过荷尔德林与苏赛特的关系（苏赛特曾在 1800 年 3 月 5 日给荷尔德林的信中写到，通过兰道尔先生为他们两人交换信息），为此他通过这个屋子里的熟人，有机会转交了一件生活的信物。

友们仍有价值。

你的

荷

很久以来，命运是与真诚的感情相一致的

辛克莱致荷尔德林[1]　　　　　　（赫尔山前的霍姆堡，1802年6月30日）

亲爱的荷尔德林：

　　我不得不告诉你的这个消息，对于我是如此可怕，我不能让它顺其自然，友谊对此的帮助太小了。我自己也深深地感受到，因为一个同样的命运降临到我身上，让我猝不及防，它伤害到我心灵的最深处。你爱的高贵的她[2]已经不在了，但她是你的对象，假如说失去她是可怕的，那么，不认为这个爱是值得尊重的，就更是侮辱了。那是你的，而这是我的命运。我知道我无法给予你安慰，那么，你能安慰自己更好。

　　你相信不朽，因为它仍然活着，你现在肯定比从前更相信了，因为你的爱的生活已经与过去分离。什么是比一颗能活过它的世界的心更大和更高贵的，很久以来，命运是与真诚的感情相一致的，其中，只有我们与生命、安宁和永恒分道扬镳。我以平和的心劝说你要有勇气。正像我没有任何恐惧，才允许跟你谈论爱的真理。

---

1. 此信系经过节选的副本。
2. 你爱的高贵的她（der edler Gegenstand Deiner Liebe），荷尔德林的情人苏赛特·龚塔尔特。她因患风疹，在得病10天后去世。

这个月的 22 日龚去世了，因患风疹，在她生病的第十天。她的孩子们因为她也患病了，但幸运的是都挺了过来。她在过去的那个冬天得了危险的咳嗽，使她的肺很虚弱。她一直到最后都保持了原样。她的死犹如她的生。

我被深深地触动了，在我写这些的时候，我在哭。自从你离开以后，我也没有再见过她，我觉得，去打听一个过着神一样不变的生活的人，有失尊严。那个消息如此让我猝不及防，但我还是以一颗更加纯净的心来接受这个消息，而我劝说你，她并非不值得。

自从你离开我以来，命运接踵而至。我变得更加宁静和冷漠，我可以向你保证，你可以在你朋友的胸口上休息。你了解我的一切缺点，我希望，在我们之间不会发生任何争执。我邀请你到我这里来，在我这里居留，只要我还在这里。我的状况可能发生变化的意外，我们将共同斟酌和决定，假如命运要发生，那我们将作为忠诚的一对走自己的路 [1]。

现在我每年少 200 个弗洛林也能过，我可以把它给你，以及免费的住房和与此有关的。不要把这当成我空洞的请求，而是当作我的忠告，我对你既已如此，因为我对你的现状不了解，只能建议，因为可能是这样的情况，你喜欢那里的宁静，那对你是必需的。告诉我你的决定。我也想到波尔多去看你，假如你愿意，把你接回来。

朋友埃贝尔让我代致问候，他从 1 月以来一直在法兰克福。

---

1. 作为忠诚的一对走自己的路（als ein treues Paar seine Bahn gehen），暗指荷尔德林的诗《永不分离的朋友》（*Die Dioskuren*）。

龚生病时他在那里，并在她最后的时刻给予她安慰。

你的

辛克莱

苏赛特 1800 年 3 月 5 日致荷尔德林的信

附录

荷尔德林生平年表

1770 年　劳芬

3 月 20 日　荷尔德林生于德国现在巴登－符腾堡州内卡河畔的小城劳芬，是父亲海因里希·弗里德里希·荷尔德林和母亲约翰娜·克里斯蒂安娜·海英（娘家姓）的长子，第二天受洗，取名约翰·克里斯蒂安·弗里德里希。

1771 年

4 月 7 日　妹妹约翰娜·克里斯蒂安娜·弗里德里克出生。
11 月 3 日　曾祖母朱托尔逝世。

1772 年

7 月 5 日　父亲因中风去世。父亲的姐姐，寡居的伊丽莎白·封·罗亨西沃尔特（生于 1732 年）迁入嫂子家。
8 月 15 日　妹妹玛利亚·伊勒奥罗娜·海因莉克出生。
9 月 25 日　外祖父海英去世。

1774 年

10 月 10 日　母亲与约翰·克里斯托弗·高克结婚。举家迁居纽尔廷根，以 4500 盾购进一个有两层楼房的院子。

1775 年　纽尔廷根

4 月 18 日　举行坚信礼。

8 月 18 日　继妹安娜斯塔西娅·卡罗琳娜·多罗特娅出生。

11 月 16 日　妹妹约翰娜·克里斯蒂安娜·弗里德里克夭折。

12 月 19 日　继妹安娜斯塔西娅·卡罗琳娜·多罗特娅夭折。

1776 年

开始上纽尔廷根拉丁语学校，为升入符腾堡一所位于邓肯道尔夫或布劳博伊伦的低级新教修道院学校，接受私人授课，准备参加国家考试。

10 月 29 日　继弟卡尔·克里斯托弗·弗里德里希出生。

1777 年

5 月 11 日　姑姑伊丽莎白·封·罗亨西沃尔特去世。荷尔德林继承了她的全部财产的四分之一；加上父亲的遗产和两年前去世的妹妹的遗产，荷尔德林的财产达到总共 4400 盾，直至他去世一直由他母亲管理，投资于担保债权和贷款，利息为 5%，用于补贴他的生活费用。

1778 年

11 月 12 日　继妹弗里德里克·罗西娜·克里斯蒂安娜出生。

1779 年

3 月 8 日　继父患肺炎去世。外祖母海英迁入女儿家。

1780 年

开始上钢琴课，后又加入笛子课程。

9 月　在斯图加特参加首次国家考试。

1782 年

迪亚克努斯（赫尔菲尔）·纳塔尼尔·科斯特林和家庭教师科拉茨每天分别承担一个小时的私人授课。

1783 年

9 月　参加第四次和最后一次国家考试。首次结识谢林，他住在他的舅舅科斯特林处，也上拉丁语学校。

12 月 20 日　继妹弗里德里克·罗西娜·克里斯蒂安娜夭折。

1784 年　邓肯道尔夫

10 月 20 日　进入邓肯道尔夫低级修道院学校。签署一份证明文书，寄宿生有义务"不得学习除神学以外的任何其他专业"。母亲在荷尔德林面前列出了一个支出账单，"如果他保持顺从，费用将不会扣除"，支出费用从 1776 年起记入，延续直至 1824 年（实际记录至 1828 年 2 月 17 日）。

1785 年

3 月 21 日　以"欢庆考试"的证书排名；荷尔德林列第六名，他在这个位置上保持到学习结束，仅有一次例外。

11 月　首次收到信。大约在此时间，首次保存下来的手写诗集出现。

1786 年　毛尔布隆

10 月 18 日或 19 日　荷尔德林升入毛尔布隆高级修道院学校。不久与修道院院长的小女儿露伊泽·纳斯特相识。

11 月 7 日或 8 日　为迎接路过的符腾堡公爵卡尔·欧根，荷尔德林向公爵夫人弗兰奇斯卡朗诵了自己的致敬诗。

12 月 18 日　首次收到纪念册题词。

1787 年

1 月　露伊泽的堂弟伊曼努尔·纳斯特访问毛尔布隆。荷尔德林在他走后开始与他进行友好的通信。在此期间也与西梅尔建立了友谊。

3 月　埋头阅读《莪相》；此后进一步阅读克洛普施托克、席勒、舒巴特、荣格和维兰特的作品。

夏天　荷尔德林多次生病，咯血。拜访伊曼努尔·纳斯特。

1788 年　蒂宾根

3 月　在维兰特的《德国水星》上发表了席勒的诗《希腊的众神》，成为荷尔德林赞美诗创作的样板。

3 月 18 日　荷尔德林前往迈克格罗宁根，看望垂死的姑妈沃尔玛，一直待到 4 月 7 日母亲和妹妹抵达，姑妈于 4 月 18 日去世。

4 月　读《堂·卡洛斯》。

6 月 2 日至 6 日　前往普法尔茨旅行。

夏天　大概是编排马尔巴赫四开本小册子。

10 月 21 日　荷尔德林升入蒂宾根神学院，同时进入的还有从斯图加特综合高中来的黑格尔和另外三名学生。这两人在学习的第一年投身于哲学，另外的三个学习神学。教授：施努勒尔（系主任），L. J. 乌兰特，斯托尔（监护）；自 1789 年起，备考教师中有：巴尔迪里，康慈。

11 月 10 日　首次获颁季度排名证书。荷尔德林仍是第六名。

12 月　获得学士学位。

年末　开始与诺伊菲尔和玛格瑙的友谊，后两个已在神学院学习两年。

1789 年

2 月 24 日　在海因莉克·纳斯特结婚之际，首次刊印荷尔德林的一首诗（已遗失）。

3 月或 4 月　与露伊泽·纳斯特分手。与伊曼努尔·纳斯特的友谊也终结。

4 月 20 日或 21 日　复活节在斯图加特拜访诺伊菲尔，也在那里拜访了舒巴特，可能还有斯陶特林。

7 月 14 日　巴黎攻占巴士底狱，法国革命开始。

夏天　弗里德里希·路德维希·杜隆教授笛子课程。

11 月 5 日　卡尔·欧根公爵在一次对神学院的访问中催促已经部分受共和思想影响的神学院人要"严格秩序和法制"。

11 月　为了学习法律，荷尔德林拟定了迫于"压力"离开神学院的计划，但考虑到母亲，很快放弃了这个计划。月末，他乘车前往纽尔廷根。

1790 年

年初　受通过教会监理会考试进入神学院学习的尼特哈摩尔的影响，开始钻研康德和莱茵霍尔特的哲学。

3 月 9 日　显然是在第一个"阿尔德曼节"（Aldermanstag），荷尔德林和玛格瑙、诺伊菲尔结为朋友。

4 月　教会监理会的一个代表团到神学院起草新的章程。神学院管理者和在校生担心会被迫遵守非理性的、无效的法律。

夏天　首次认识神学院院长的女儿爱丽泽·勒布莱特。准备硕士学位考试。

9 月 17 日　硕士学位考试，以此结束了在神学院第一学年的哲学和文学的学习。阅读：温克尔曼、莱布尼茨、柏拉图、赫尔德、海因策、比格尔和雅各比。

10 月　在斯图加特与斯陶特林讨论参与他未来的《1792 年缪斯年鉴》事宜。

10 月 20 日　15 岁的谢林进入蒂宾根神学院。

年末　与爱丽泽·勒布莱特的艰难的爱情关系开始。

1791 年

3 月　在一封给妹妹的信中表达了心愿，"能写书，不要为此挨饿"。

4 月 19 日　在一次与希勒和迈宁格一起去瑞士的旅行中，在苏黎世拜访了约翰·卡斯帕尔·拉法特尔。在他的外语书上，拉法特尔在荷尔德林的题词边标注了："NB."（备忘记号。）在去程和返程中，荷尔德林穿越了多瑙河上游地区。

9月　斯陶特林的《1792年缪斯年鉴》出版，刊有荷尔德林的四首诗。玛格瑙已于7月离开神学院，此后荷尔德林与诺伊菲尔完成了学业。

年末　阅读卢梭并钻研天文学。预订科塔出版社出版的由胡腾编辑的普鲁塔克著作。

1792 年

3月或4月　在访问斯图加特时，爱慕一位陌生人。此后不久出现了《许佩里翁》的初稿。

4月20日　法国向奥地利宣战。通过普鲁士的参战，战争于7月走向了第一次反法同盟战争，一直延续到1797年。

夏天　与泽肯道尔夫结识。可认为这一时间的黑格尔是一个粗暴的雅各宾派，荷尔德林则倾向于吉伦特派。

9月　在马拉的诱惑下，巴黎发生了九月屠杀。

9月20日　瓦尔密受到连续炮击。

9月21日　法国废除君主制，进入共和时代。

10月9日　荷尔德林在纽尔廷根参加妹妹与布罗英林的婚礼，他赠送了由西梅尔绘制的肖像画。

10月21日　法国军队占领美因茨。德国南部受到威胁。

11月19日　公约令：法国给予一切愿意自由的民族博爱和帮助。

1793 年

1月21日　路易十六在巴黎被斩首。

5月13日　宣布神学院新的规章，符腾堡公爵和公爵夫人在场。

5月23日　夏洛特·封·卡尔布请求席勒帮助，为她的儿子弗里茨找一个新的家庭教师。

6月　荷尔德林晋升学位的毕业考试。

6月27日　荷尔德林在神学院把颂诗《致勇气的守护神》给弗里德里希·马提松看，他与诺伊菲尔和斯陶特林一同来访。

7月13日　夏洛蒂·科黛刺杀马拉。

7月14日　荷尔德林、黑格尔和谢林等神学院学生在蒂宾根前的草地上竖起一棵自由树，谣言随之而来。

9月　结识伊萨克·封·辛克莱。

9月19日　黑格尔提前参加教会监理会考试，去伯尔尼担任家庭教师。荷尔德林以口号"神之国度"送行。

9月20日　斯陶特林在一封信中向席勒推荐荷尔德林到封·卡尔布家里任家庭教师。荷尔德林于10月1日在路德维希斯堡短暂拜访席勒，推荐有了进展。10月23日封·卡尔布夫人认可。

10月31日　吉伦特派的领袖被处决。

11月21日或23日　玛格瑙告别。

12月6日　在斯图加特的教会监理会考试作为神学专业毕业考试，是神职生涯的前提条件。实习布道《圣经·罗马书5:10》。

12月28日　抵达瓦尔特斯豪森。

1794 年　瓦尔特斯豪森

1 月　在瓦尔特斯豪森的封·卡尔布家开始任家庭教师。结识当地神父约·弗·嫩宁格尔和陪伴女郎夏洛蒂·封·卡尔布、威·玛·吉尔姆斯。给学生的授课时间上午从 9 点到 11 点，下午从 3 点到 5 点。

3 月 20 日　向席勒报告有关授课的原则；但不久与他的学生的关系出现困难。深入钻研康德的著作，首先是《判断力批判》。

6 月 8 日或 9 日　与封·卡尔布一家去往福尔克斯豪森。紧接着独自步行穿越伦山到福尔达。

夏天　写作《许佩里翁的片段》。

7 月 28 日　罗伯斯庇尔被处决。

8 月　阅读费希特的著作；夏洛蒂·封·卡尔布要求把她每周到场的费希特的科学理论讲座讲稿寄送给她。

11 月　与弗里茨·封·卡尔布前往耶拿。拜访席勒，在那里第一次遇到歌德。与索菲·梅乐傲相识并经常与尼特哈摩尔交往。每天去听费希特的讲座，肯定与他交谈过。

12 月末　与夏洛蒂和弗里茨·封·卡尔布迁居魏玛。拜访赫尔德，与歌德相遇。

1795 年　耶拿

1 月初　在双方和睦气氛中离开封·卡尔布的家，返回耶拿。歌德的《威廉·迈斯特的学徒生涯》第一卷出版。

3 月 9 日　席勒推荐科塔接受《许佩里翁》的出版。《许佩里翁的青年时代》在年初出现。

3 月　开始与伊萨克·封·辛克莱的亲密友谊,荷尔德林于 4 月初搬入他的花园房子。结识博伦道尔夫,他属于费希特同情的自由人同盟。

3 月 27 日　荷尔德林的母亲卖掉了在纽尔廷根的房子,但直到 1798 年春她仍在几个房间里居住。

4 月 25 日　诺伊菲尔的新娘罗西娜·斯陶特林去世。

5 月 15 日　荷尔德林在耶拿大学注册入学。这段时间在尼特哈摩尔的住处遇见费希特和弗里德里希·封·哈登贝格(诺瓦利斯),与他们从哲学的观念方面交谈了宗教和上帝的启示。

5 月 27 日　耶拿发生学潮。

6 月　荷尔德林突然离开耶拿。在前往纽尔廷根的途中,他在海德堡会见了埃贝尔,可能经辛克莱的中介,向他提供在美因河畔法兰克福的龚塔尔特家的一个家庭教师的职位。

纽尔廷根

夏天　在蒂宾根拜访谢林。很可能开始一场密切的哲学对话。在下半年出现了《许佩里翁》的倒数第二个稿本。

9 月　在斯图加特与诺伊菲尔和玛格瑙重逢。可能就在这一时间首次认识兰道尔。

12 月　与谢林重逢。荷尔德林在确认家庭教师的职位后,出发去法兰克福,于 12 月 28 日抵达。

1796 年　法兰克福

1 月　在法兰克福龚塔尔特的家中任家庭教师。之前在霍姆堡第一次拜访辛克莱，在那里也结识了枢密顾问荣格。荷尔德林的年薪为 400 盾，食宿免费，与他的新学生的关系是基于相互的同情。

4月　谢林在去莱比锡的途中在法兰克福拜访荷尔德林。

4月10日　在波拿巴将军的率领下，意大利战役开始，其结果是建立新的共和国。

5月　龚塔尔特举家迁往城市东边的普芬斯特维德，租房居住。大约不久，荷尔德林和苏赛特·龚塔尔特的爱情开始萌芽。韵律颂诗《狄奥提玛》出现。

7月10日　面临法国军队的逼近，龚塔尔特一家（没有男主人）与荷尔德林和苏赛特的女伴玛丽·赖策尔逃亡，他们于13日或14日到达卡塞尔。于25日在那里遇见并结识威廉·海因策。参观美术馆和腓特烈二世皇宫。

8月9日　继续逃往德利堡，苏赛特原先制定的逃往汉堡的计划中断。居住到9月中。（见黑格尔《亮光。致荷尔德林》）

9月8日　符腾堡大公爵卡尔·欧根的军队击败法军。

9月13日　显然是返回卡塞尔，在那里居住到月底。

9月11日或14日　斯陶特林在凯尔附近的莱茵河中自尽。约在此时，埃贝尔去往巴黎。

9月20日　威廉明妮·吉尔姆斯的女儿[1]在迈宁根死亡（生于1795年7月）。

秋天　《许佩里翁》第一卷最终稿出现。

1.据说是荷尔德林的私生女。

11 月 21 日 请弟弟转寄两期《施瓦本年鉴》。

1797 年

1 月 黑格尔来到法兰克福，就任荷尔德林一年前介绍的高格尔家的家庭教师。

4 月 《许佩里翁》第一卷出版。荷尔德林的弟弟卡尔·高克到法兰克福看望荷尔德林并过复活节。（4 月 16 日）

4 月 22 日 桑布尔－马斯军的一队法国骑兵在法兰克福前的博肯海默瞭望台被波拿巴的传令兵截住。

5 月 为过夏天，龚塔尔特家搬到了城市北边的阿德勒弗里奇宫。

6 月 20 日 尔德林把《许佩里翁》第一卷连同两首诗《致以太》和《游子》一起寄给席勒。

6 月 27 日 歌德和席勒之间开始有关荷尔德林的通信。

8 月 首次计划写作《恩培多克勒》。悲歌《游子》发表在席勒的《时序》杂志。

8 月 22 日 最后一次遇见歌德，他是在第三次前往瑞士的途中在法兰克福逗留。

秋天 诺伊菲尔和兰道尔到访法兰克福，访问中，荷尔德林可能向诺伊菲尔耳语，"一个希腊女人［苏赛特·龚塔尔特。]，不是吗？"

10 月 结识来自弗里德贝格的齐格弗里特·施密特。可能在此时间，荣格把他翻译的《莪相》给荷尔德林做评论，荷尔德林鼓励他出版。

10月17日　坎波·富尔米奥条约结束了第一次反法同盟战争。奥地利同意放弃莱茵河左岸。在拉施塔特会议上，对有关诸侯的补偿将予以立法，会议无果而终。

12月22日　妹妹生下第二个孩子，取名弗里茨；荷尔德林当了缺席的教父。

1798 年

3月　荷尔德林考虑离开法兰克福。

夏天　荷尔德林给诺伊菲尔寄去箴言诗。

7月　给席勒寄去诗（从《致太阳神》到《致我们伟大的诗人》）。

9月　在一次争吵之后，荷尔德林离开龚塔尔特家。辛克莱安排他在霍姆堡寄宿。

霍姆堡

10月4日或5日　与苏赛特·龚塔尔特第一次重逢。从荷尔德林离开法兰克福直到1800年6月，两人经常秘密见面并有书信往来。

10月　荷尔德林被介绍给霍姆堡宫廷。奥古斯特公主给予他热情的接待。

11月　显然结束了《许佩里翁》第二卷的工作。应辛克莱邀请，荷尔德林前往拉施塔特会议，在那里结识了弗里茨·霍恩、穆尔贝克、封·坡摩尔－埃歇、申克。在会议上，法国人清楚地表明，无意支持德国土地上的共和主义者。

12 月 6 日　与苏赛特·龚塔尔特会面。

12 月 30 日　写一首诗祝贺外祖母海英的 73 岁生日。

1799 年

1 月　修改《恩培多克勒》的第一个草稿。

2 月　辛克莱与穆尔贝克返回，他是荷尔德林在拉斯塔特会议上认识的。这三个之间的交谈，很可能涉及当时的政治问题。第二次反法同盟战争爆发（进行到 1802 年）。

3 月 2 日　施勒格尔对诺伊菲尔的《1799 年袖珍书》的评论发表，荷尔德林的诗受到突出的赞扬。

3 月 11 日　与苏赛特·龚塔尔特会面。

4 月 5 日　与苏赛特·龚塔尔特会面。

4 月　博伦道尔夫寓居霍姆堡，有关荷尔德林，他写道，他是"精神和真理中的共和主义者"。

5 月 9 日　与苏赛特·龚塔尔特会面。

5 月至 6 月　加工《恩培多克勒》第二个草稿。

6 月 4 日　由于缺乏"以男人的名义"参与的意愿，在一年的期限内无法完成，"伊都娜[1]"计划被放弃，这是出版人斯泰因考普夫作为合作者资助的。

6 月　"艾米莉在她的新娘日之前"出现。

9 月 5 日　与苏赛特·龚塔尔特会面。

10 月　《许佩里翁》第二卷出版。

---

1. 伊都娜（Iduna），这是荷尔德林原计划出版的一份杂志，名字取自希腊神话中一位未出生的女神。

10 月 31 日　与苏赛特·龚塔尔特会面。

11 月 7 日　与苏赛特·龚塔尔特会面，向她赠送《许佩里翁》第二卷。

11 月 9 日　波拿巴将通过政变成为首席执政官。

11 月 28 日　借霍姆堡的奥古斯特公主 23 岁生日，向她敬献一首诗。

12 月　加工《恩培多克勒》第三个草稿，于此开启《斯图加特活页书》。

1800 年

1 月　由于生意的原因，住在法兰克福的兰道尔拜访在霍姆堡的荷尔德林。根据赠送的《恩培多克勒》和杂志计划，显然是在修改诗学的草稿。

2 月 6 日　与苏赛特·龚塔尔特会面。

3 月 2 日　妹夫布罗英林去世。妹妹带着孩子前往纽尔廷根，住在母亲处。

复活节　访问纽尔廷根。

4 月 25 日　在莫雷阿将军统率下，法军进攻施瓦本。

5 月 8 日　最后一次与苏赛特·龚塔尔特在法兰克福见面。

6 月 20 日　在纽尔廷根逗留 10 天后，前往斯图加特兰道尔的宅邸。

斯图加特

7 月　在兰道尔家结识了他的朋友豪格和胡贝尔。给古切尔和弗里什授课。以后创作了大量颂诗草稿及悲歌以及六音步诗草稿。

12月 伊曼努尔·封·龚岑巴赫受他的父母委托,向荷尔德林提供在瑞士豪普特维尔一个家庭教师的职位,为他的小女儿授课。荷尔德林应允。

12月11日 兰道尔31岁生日。

12月25日 奥地利于12月3日在上林登遭受失败,在斯太尔签署的停火协议带来了尽快实现和平的愿景。

冬天 显然在翻译品达的《胜利之歌》。

1801年

1月11日 圣诞节在纽尔廷根居留之后,从斯图加特出发前往豪普特维尔。

豪普特维尔

1月11日 在豪普特维尔,任龚岑巴赫家的家庭教师。

2月9日 吕内维尔和平,确认坎波·富尔米奥条约。

4月11日或13日 离开龚岑巴赫家,前往纽尔廷根。

纽尔廷根

6月2日 荷尔德林致信席勒,不久又致信尼特哈摩尔,表示希望在耶拿大学讲授希腊文学课程;这两封信没有收到回复,计划被放弃。这段时间出现了最初的赞歌。

8月6日 胡贝尔告知荷尔德林,科塔准备于1802年复活节出版他的诗。荷尔德林为此编制了他的颂诗、悲歌和赞歌的誉清稿目录，但出版没有实现。

秋天　雅·弗·斯特洛林介绍了法国波尔多一个家庭教师的职位。

12月　在兰道尔32岁生日（11日）的第二天，荷尔德林从斯图加特出发，前往波尔多。旅途经过斯特拉斯堡（15日—30日）和里昂（1802年1月9日）。

1802年　波尔多

1月28日　在德国驻波尔多总领事迈耶尔家里任家庭教师，可能在这里已经开始索福克勒斯悲剧的翻译工作。

2月14日　外祖母海英在纽尔廷根去世。

5月10日　开具从波尔多到斯特拉斯堡的护照。因双方不一致，离开迈耶尔的家。返回德国途中在巴黎居留，在那里显然参观了拿破仑博物馆的《古希腊罗马展》。

6月7日　在斯特拉斯堡获得过境签证。

斯图加特 / 纽尔廷根

6月中　首先返回斯图加特，然后去纽尔廷根，停留很短的时间再回到斯图加特。

6月20日　苏赛特·龚塔尔特去世。荷尔德林再次前往纽尔廷根，在那里居住了两年。

夏天　在高级医师普朗克博士处接受治疗。

9月29日　荷尔德林应辛克莱邀请，前往雷根斯堡的德国国民议会，在那里遇见霍姆堡的侯爵并与弗里茨·霍恩重逢。大约

10 月中回到纽尔廷根。这段时间显然在编制《霍姆堡活页册》。

12 月 20 日　母亲致辛克莱的第一封信收到。

1803 年

1 月 13 日　给辛克莱的信附有《帕特摩斯》的手写致敬词，这首诗于本月 30 日侯爵 55 岁生日时呈献。

2 月 25 日　帝国代表团系列会议（Reichsdeputationshaupts-chluss），结果是符腾堡成为选帝侯国。

3 月 14 日　克洛普施托克去世。

6 月 3 日　弗里德里希·韦尔曼斯通知荷尔德林，愿意承担他翻译的《索福克勒斯悲剧》的出版。荷尔德林于 9 月 28 日首次回应。

6 月 22 日　海因策在阿夏芬堡去世。

6 月　与谢林在姆尔哈特重逢。

年末　审阅一些《夜歌》，用于韦尔曼斯的《1805 年袖珍书》。

1804 年

4 月 14 日　韦尔曼斯寄来《索福克勒斯悲剧》的清样。

5 月 27 日　韦尔曼斯寄来 222 盾作为稿酬。

6 月 11 日　辛克莱途经维尔茨堡，在那里拜访席勒，随后去往斯图加特，在那里与霍姆堡的宫廷全权代表布兰肯斯泰因，与巴茨、崴斯哈尔和泽肯道尔夫进行政治问题交谈。

6 月 19 日　荷尔德林在这个圈子参加一个晚餐，辛克莱在晚餐上表示，享有特权的代表与选帝侯之间的矛盾，应当找到一个有效的解决办法，这个发言后来成为布兰肯斯泰因告发的依据。

6月22日　辛克莱与布兰肯斯泰因、荷尔德林前往霍姆堡。荷尔德林于24日后在维尔茨堡与谢林见面。

霍姆堡

7月7日　辛克莱请求侯爵，把一个他自1802年起应该享有的薪金补助，用作一个宫廷图书馆管理员职位，由荷尔德林接任。这项规定立即有效，可是荷尔德林并未在这座有16000册藏书的图书馆里提供服务。

12月2日　辛克莱在巴黎参加拿破仑的加冕典礼。他的母亲封·布洛克夫人在这段时间照料荷尔德林。

1805年

1月　辛克莱从巴黎返回之后，与布兰肯斯泰因闹翻，布兰肯斯泰因随后在一封致符腾堡选帝侯的信中指控辛克莱有阴谋活动。

2月26日　辛克莱被符腾堡当局带走，罪名是计划攻击选帝侯。

2月27日　在路德维希斯堡开始了对辛克莱、巴茨、崴斯哈尔、泽肯道尔夫以及布兰肯斯泰因的谋反罪审讯。也涉及有关荷尔德林的信息。

5月9日　席勒去世。

7月10日　从调查监狱释放后，辛克莱返回霍姆堡。

10月29日　唯一保存的母亲致荷尔德林的信。

11月24日　泽肯道尔夫到访，他在释放后被驱逐出符腾堡境内。

1806 年

1 月 1 日　符腾堡选帝侯弗里德里希接受国王的尊号。

1 月 14 日　母亲申请教会监理会给予荷尔德林资助，经过多次申请，最终在 11 月 4 日批准给予 150 盾的资助。

8 月 3 日　根据莱茵联盟法律，并经大公爵批准，黑森－霍姆堡被判决给黑森－达姆斯塔特，之后，辛克莱发现，已没有可能把荷尔德林留在霍姆堡。

8 月 6 日　在拿破仑的最后通牒之下，弗兰茨二世摘下了皇帝的尊号；这意味着德意志民族的神圣罗马帝国的终结。

9 月 11 日　荷尔德林被送到蒂宾根的奥腾利特诊所，于 15 日从那里接走。

蒂宾根

10 月 9 日　在母亲的申请下，国王批准给予每年 150 盾的资助。尤斯蒂努斯·凯尔纳把荷尔德林的病例在诊所保存到 10 月 21 日。

11 月　未告知荷尔德林，泽肯道尔夫的《1807 年缪斯年鉴》发表了他的三首诗。

1807 年

5 月 3 日　荷尔德林被认为无法治愈，离开诊所，由细木工恩斯特·齐默尔曼照料，荷尔德林一直在他家的"塔楼"里住到去世。此后他似乎写作了很多东西，但其中仅有很少的保存下来，晚年，他仅在来访者的请求下写诗。

1815 年
4 月 29 日 辛克莱在维也纳去世。

1820 年
由普鲁士少尉迪斯特主导，人们开始收集荷尔德林的诗。

1821 年
迪斯特请求凯尔纳帮助，凯尔纳把这个青年引导给卡尔·高克。参与寻找和收集诗的手稿、副本和印刷品的，先后有阿希姆·阿尔尼姆、福奎、黑格尔、瓦伦哈根·封·恩泽、豪格、凯尔纳、康慈；普鲁士的玛丽安娜公主资助了这项工作。路德维希·乌兰特和古斯塔夫·施瓦布承担了编辑工作。

1822 年
5 月 14 日 卡尔·高克和科塔签订了出版《许佩里翁》第二版的合同，同年《许佩里翁》第二版出版，还签订了出版诗集的合同。
7 月 3 日 外普林格尔首次拜访荷尔德林。

1823 年
6 月 9 日 外普林格尔带荷尔德林到他租用的厄斯特贝格山上

的花园房子，他每年到此度夏。

7月27日　莫里克与洛鲍尔、施赖纳一起来访，此后他为荷尔德林绘制了一幅肖像。

1825年

在莫里克和施赖纳的来访中，有一次出现了第二幅肖像。

1826年

6月7日　由路德维希·乌兰特和古斯塔夫·施瓦布编辑的《诗》出版（1826年版）。

1828年

2月17日　母亲去世。母亲的支出账单（从1784年10月20日起）由弗里茨·布罗英林填补；总数为10371盾零1克洛泽。当遗产继承的争吵平息后，由纽尔廷根的高级官方照料人布尔克从剩余遗产中判给荷尔德林9000盾。

1829年

6月2日　经高级官方医师乌拉特博士诊断，荷尔德林"现仍患有精神疾病"；母亲于1806年申请的资助继续支付。

9月　诺伊菲尔在《时髦世界报》（1829年）上发表了荷尔德林的十五首诗，它们未收入1826年的诗集。

1830 年

1 月 17 日　外普林格尔在罗马去世。第二年出现了他写的传记《弗里德里希·荷尔德林的生平、诗歌和精神错乱》。

1838 年

6 月　莫里克保存了"一份乱糟糟的荷尔德林文献",但没有流传下来。

11 月 18 日　恩斯特·齐默尔去世;齐默尔的女儿夏洛特继续照料荷。

1841 年

1 月 16 日　C. T. 施瓦布第二次到访,此时荷尔德林可能第一次称自己为"斯卡尔丹内利"并在一首诗下面用这个名字署名。在他生命的晚年,常常有同情者和好奇者来访,请求诗人给予手写的片段作为纪念,因此出现了众多的四季诗,大多数使用了虚构的日期并且签署了新的名字。

2 月 16 日　高克和科塔签订了出版第二版《诗》的合同,以袖珍书形式出版。

1842 年

年初　露伊泽·凯勒尔到访,为《诗》第二版封面绘制了荷尔德林的肖像。

11 月　《诗》第二版(1843 年版)出版。

1843 年

1 月 24 日　路德维希·乌兰特、阿德尔伯特·凯勒尔和 C. T. 施瓦布相继到访；施瓦布在荷尔德林去世后出版了诗人的第一部著作集（1846 年）。

6 月初　荷尔德林的最后一首诗《眺望》出现。

6 月 7 日　荷尔德林在夜里 11 点去世。享年 73 岁。6 月 10 日安葬。

译后记

　　自从文字出现以来，书信就成为人们最常用的通信方式，人们写信互通消息，告知事项，交流感情，与相隔千里的人们分享幸福欢乐、悲哀愁苦，或脉脉温情，魂牵梦萦，或绵绵思念，愁肠百结……书信的留存，为我们留下了过去时代人们的所思所想，所忧所虑……每当阅读那些书信的文字，就恍若穿越到那个时代，听到鹅毛笔划过纸张的沙沙声，人们让瞬间闪现的灵感流淌在纸页上，激活千年奔腾的哲思，或掀起万丈爱情波涛，让我们今天读来，仍然荡气回肠。

　　荷尔德林（1770—1843），是德国一位伟大的诗人，他从十四岁开始写诗，立志成为诗人，为此，他阅读钻研前辈诗人的作品，从古希腊罗马，到德国当代，从经典大作，到民谣小调，从康德的批判哲学巨著到费希特的天赋人权，他研读一切能够找到的佳作，汲取营养，融入自己的表达，使创作越来越丰富，表达越来越成熟，他十八岁从高级修道院学校毕业时，在诗歌专业上获得了"极好"（vorzüglich）的评分。后来的诗歌创作伴随他曲折起伏、艰难辗转的生活轨迹，依然勉力前行，佳作不断。德国诗歌从古典走向现代，荷尔德林是引领者，因此，他被后人称为

"诗人之诗人"。近代以来用德语写作的抒情诗人，从里尔克到克兰，荷尔德林当之无愧地名列首位。

荷尔德林不仅用诗歌表达自己独特的哲思、崇高的理想、圣洁的爱情，他还是一位特别善于用书信表达自己生活和感情的人。他从十四岁起就上寄宿制的修道院学校，写信成为他与亲人联系的主要方式。他三岁失去了父亲，后来母亲改嫁，再后来，继父也去世了，因此荷尔德林不止一次地称自己是"丧父的孤儿"。母亲和妹妹，还有同母异父的弟弟成为他的至亲至爱，他也是母亲最大的牵挂。书信成为他与母亲和妹妹弟弟之间亲情往来最好的媒介。保存下来的荷尔德林致母亲的第一封信，称呼是"最亲爱的妈妈"，这样的"最亲爱的妈妈"，在他独立谋生以后，改成了"最亲爱的母亲"，在每封信的结尾，几乎是千篇一律的"您的最顺从的儿子"。母亲永远是他最亲爱的亲人，是他最深厚情感的寄托，也是他内心深处隐秘情怀的最后的倾诉人。母亲是他灵魂的依靠，他在信中说过，"我一生的避难所在你们之中"。

荷尔德林写给母亲的信中，常常可以看到他因为自己很久没有写信而表达深深的歉意，其实，看看他前后写信的日期，才知道这个时间并不长，在邮差骑马送信的时代，信件的传递很慢，加上战争、恶劣天气等，途中拖延经常发生。何况，大部分地方，邮差只有在邮政日才来。荷尔德林也常常因为没有收到母亲的信而抱怨母亲"长时间的沉默"。对于他，阅读母亲每一封"亲爱的来信"，犹如感受母亲娓娓讲述的温馨、慈爱和关照，他经常感谢母亲的"Gegenwart"（在场），言语中漾出一种仿佛母亲就在身边的温暖，那是怎样的情境啊！但是，母亲给荷尔德林的信，却只有一封保存下来，那是在1805年10月29日母亲嘱咐他要感恩悉心照料他的人们，那时，他的心灵已经陷入黑暗。

荷尔德林给妹妹的很多信，看似平常的兄妹之爱，其实充满深爱，因为她是唯一的亲妹妹。那时候疾病很多，死亡也很多。从书信中可以看到，人们常常通报自己的健康状况，让亲人朋友放心。因此，兄弟姐妹之间的往来和书信交流，常用不一样的爱的语言，阅读那样的信，总有仿佛山高海深般的情意，尤其是荷尔德林这样一位有时候感情激越奔放的诗人，爱的语言总会让人怦然心动。

最令人感慨的是荷尔德林给弟弟的信，虽然弟弟姓高克，却是他最亲爱的弟弟，寄予了巨大希望的弟弟，也是倾注了很多关心和爱护的弟弟。阅读他给弟弟的那些一页又一页的长信，那些鼓励的、期望的、爱护的话语，仿佛就在耳边，如同冬天温暖的炉火，春天明媚的阳光，能够驱赶一切寒冷和阴暗。

最丰富多彩的还是荷尔德林与朋友之间的通信。四年的修道院学校生活，加上五年多的神学院生活，让他拥有了很多朋友，于是，书信往来，成为生活学习的一部分。他在给母亲的第一封信中说，他有"一大包信"要回复，其中有些还是拉丁文的。此时荷尔德林才是个十四岁的男孩子，当然，他说还有"成百上千首诗"要写，是夸张的说法，但足以说明，他是个喜欢写信的人。那个时候写信是为了友谊，也表达了青春的热情，这是他诗歌创作的动力之一，也是他求知和生活渴望的源泉，是永不枯竭的。在蒂宾根神学院，他与高年级的诺伊菲尔和玛格瑙建立了深厚的友谊，三个人甚至成立了"友谊同盟"，他还为此写了《友谊之歌》："……如永恒一般无穷无尽，/友谊的银泉流水长吟。"可贵的是，这种友谊是纯粹的、非功利的，他们互赠诗篇，吟咏切磋，有诗作见诸报刊。特别是荷尔德林与诺伊菲尔的书信，描绘了那个时代友谊的精美篇章。当荷尔德林得知诺伊菲尔的未婚妻"小玫瑰花"病危，并且他要"随她而去"的消息，他一连给诺伊菲尔写了三封信，咏唱了最感人的友谊之歌。谁是最真挚的朋友？谁为朋友倾注一腔真情？是他，荷尔德林，他对待朋友，正如他对待诗歌，是生活的凝练，是生命的一部分。

　　荷尔德林交往的人，无论是普通人，还是声名显赫的大师，最终都成为朋友。在蒂宾根神学院学习时，他就结识了席勒，这个在他的创作生涯中给予他最大帮助的人，为他介绍家庭教师的工作，在自己主编的《诗刊》《塔利亚》等刊物上刊发他的作品，还给出版社写信，推荐出版他的书信体小说《许佩里翁》，这是一部"让他有点名气"的两卷本的小说。席勒还写信指导他克服德国诗人创作中的通病，摒弃冗长拖沓，写主题明确、清新简洁的诗作，去掉那些吃力不讨好的哲学。席勒的劝告是经验之谈，诗人要赢得读者，必须让自己的诗为读者喜爱，为读者而写，是诗人的本分。当然，荷尔德林之所以后来被世界所承认，是他坚持走自己的创作道路。但席勒是把荷尔德林真正当作朋友的，密切的但有原则的朋友。读大师的书信，是一种享受，字里行间，处处有谦逊包容、平易近人，对于有点过分的要求，也没有板起大师威严的面孔，而是以坦诚之心循循善诱。荷尔德林曾在给席勒的信中抱怨，"我的那些不幸运的诗"，显然是对席勒没有及时发表他的诗不满，席勒告诉他，因为他寄送得晚了，已经没有版面，下一期会安排。一个人一生中曾经得到这样一位朋友，无论如何都是十分幸运的。

荷尔德林所处的时代，欧洲正发生着重大的变革，法国革命带来动荡，随后拿破仑发动欧洲战争，德意志民族的神圣罗马帝国不复存在，在文化领域，浪漫主义异军突起，古典主义走向式微，19 世纪的工业革命即将到来。此时，荷尔德林的创作却出现了英国诗人威·休·奥登称之为"回到过去"的迹象。生活的重压，迫使他不得不长途跋涉去挣得维生的收入。他翻山越岭，满怀希望到瑞士一个家庭当家庭教师，但仅四个月就被解雇，于是徒步一个月回到家乡，不久，又一次出发前往法国波尔多，历经千辛万苦，却很快就被辞退。那是生命的旅程，一路上险象环生，刚刚回到家乡，好友辛克莱的信给予他的却是噩耗，他心爱的苏赛特病逝了。神学院的舍友谢林在给黑格尔的信中说，荷尔德林自从那个致命的旅行以来，"神志已经错乱了（verrüttet）"。但是荷尔德林并没有颓败，他坚持翻译索福克勒斯的悲剧《俄狄浦斯》和《安提戈涅》，并且仔细地修改，还对出版社的印刷错误进行了认真校对，使两卷本的索福克勒斯悲剧译作得以出版。

尽管他的生活跌宕起伏，他的身边却总是围绕着朋友，给予他无私的帮助。他总能给母亲捎去好消息。在新世纪之初他来到斯图加特，住进商人兰道尔的宅邸，高兴地告诉母亲，"我的老熟人们都这么热情地欢迎我，以至于我完全可以希望，在这里和平地生活一段时间"。荷尔德林历经艰辛，仍然乐观地对待生活，从不沮丧，是因为朋友。在与朋友们的书信往来中，随时可以看到互相关心、鼓励、支持和帮助，人们很少计较得失。在他的心灵陷入黑暗以后，很多朋友帮助搜集整理他的作品，那是一项十分繁重的工作，要解读荷尔德林"极难辨认的手稿"，耗费的时间和精力是难以估量的。但是，这就是朋友。

作为一个天资很高、多才多艺的青少年，荷尔德林是爱情的幸运儿。他十六岁进入高级修道院学校，就与修道院院长的女儿露伊泽恋爱了，这样的早恋，除了书信往来，说说我爱你、我在你的怀抱里等，注定是不会长久的。荷尔德林考入蒂宾根神学院以后，两个人就分手了，不过，他们之间的绝交信却写得像初入爱情的人，那样缠绵悱恻，难舍难分，写得最多的是"你永远是我的""你的心爱的——"，妻子（Weibe）两个字被一道横线代替了。

荷尔德林的第二段爱情发生在蒂宾根神学院，那是一位没有露过面的神学院院长的女儿爱丽泽，这段爱情似乎显得高雅一点，荷尔德林有几首诗写给她，但是，没有一封她的信，只有朋友诺伊菲尔经常在信中问起他们之间的关系怎么样，还有母亲关切的询问，可想而知，他和爱丽泽的相处，从热烈到糟糕，因为双方互不理解，更没有体贴和关怀。在荷尔德林给朋友和母亲的信中，只有对爱丽泽的抱怨，这场延续几年之久的恋爱最终悄无声息，不欢而散。爱丽泽写给荷尔德林的信也被悉数索回，一个字也没有留下。

给世界留下一份珍贵遗产的，是荷尔德林的情人——他在法兰克福任家庭教师的龚塔尔特家的女主人苏赛特。她留下的十七封信让人们知道，走火入魔的爱情之下，一位有三个孩子的美丽高贵的女士，法兰克福最富有的银行家的妻子，会如何痴迷一个寒酸的诗人、教书先生。在苏赛特的眼里，荷尔德林是人类中最好的、不可多得的人，为了他，她已经准备"到你们家庭的圈子里生活"，是发自她内心的。她日日夜夜地写信，悄悄地写，不让人看见，流着眼泪地写，用她的话说是"写日记"。每一封信几乎都像日记，标着日期，甚至还有几点钟。很难再从别的地方找到那么饱含深情的、绵绵不绝的倾诉。荷尔德林写给她的信，她像珍宝一样保存着，常常把它们放在一起，像"读书一样"读。《许佩里翁》对于她，更是爱不释手。可惜，荷尔德林写给她的信都没有留下来，仅有短笺残片，是作者的草稿，唯有荷尔德林写在赠给苏赛特的《许佩里翁》扉页上的、散文诗一样的题词保存了下来，作为他们爱情的见证。

2007年我应德国巴伐利亚州科学艺术部之邀，到班贝格国际艺术家之家进行为期一年的访学。我在那里的图书馆看到一本纪念荷尔德林诞生两百周年的资料集，便借来阅读。我被感动了，希望把荷尔德林的诗歌和书信译成中文，让更多的人了解他。我把书扫描下来作为资料，又到书店买了荷尔德林的诗歌集，开始翻译和研究。2016年，我翻译的《荷尔德林诗集》由人民文学出版社出版，后来又出版了《狄奥提玛——荷尔德林诗选》，荷尔德林把希腊爱神狄奥提玛作为苏赛特的象征，写入他的诗歌，也写入他的书信体小说《许佩里翁》。

人的一生能够留下这么丰富的精神遗产，已经足够了。荷尔德林在长诗《帕特摩斯》的结尾写道：天父"照料那些／坚硬的文字，并使现存的／语义明了……"。在荷尔德林的时代，德国还没有统一，德文的拼写很不规范，人们书写各自的德语，即使在本地，拼写也因人而异，甚至同一个词，每次写也不尽相同，但是人们习以为常。这给翻译带来了一定的困难，当然，翻译荷尔德林的诗歌和书信，要克服的困难远不止拼写这一个方面，好在现在有工具书，有各种词典，还能上网查找，只要舍得花时间，一切都会迎刃而解。

我用了三年时间翻译了荷尔德林的书信集，约35万字，但这个篇幅对读者也许是太大了，因此，我对这本书信集做了精选，并以"友情""亲情"和"爱情"为主线，分成三个分册，于是就有了《诗意地栖居在大地上——写给友人》《追赶你老去的速度——写给亲人》和《毫不犹豫地走向你——写给情人》。我希望三个分册能让读者阅读更方便。

荷尔德林几乎没有表达过对自己理想中的情人的期待，他在诗歌中的表达也许不是他现实中的追求，只有在给朋友和亲人的信中，他才偶尔流露出一点内心隐藏的真实渴望，但这种渴望总是被他对诗歌的至高追求所阻断。为了诗歌，他可以放弃一切，因此，诗人的爱情常常让人发出惋惜的哀叹。但是，爱情无疑是荷尔德林很多诗歌的催化剂。诗歌是他的灵魂。

王佐良

2021 年 10 月 19 日

于北京